2022

ÉRICO **ANDRADE**
JULIANA **CORDEIRO DE FARIA**
MARTINO **ZULBERTI**

COORDENADORES

COISA JULGADA
ASPECTOS COMPARADOS BRASIL-ITÁLIA

BEATRICE **FICCARELLI**
DIEGO **VOLPINO**
ÉRICO **ANDRADE**
HUMBERTO THEODORO **JÚNIOR**
LAURA **BACCAGLINI**
MARTINO **ZULBERTI**
MICHELLE **VANZETTI**
PAULO HENRIQUE **DOS SANTOS LUCON**
TERESA **ARRUDA ALVIM**

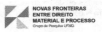

2022 © Editora Foco

Coordenadores: Érico Andrade, Juliana Cordeiro de Faria, Martino Zulberti
Autores: Beatrice Ficcarelli, Diego Volpino, Érico Andrade, Humberto Theodoro Júnior, Juliana Cordeiro de Faria, Laura Baccaglini, Martino Zulberti, Michelle Vanzetti, Paulo Henrique dos Santos Lucon e Teresa Arruda Alvim
Diretor Acadêmico: Leonardo Pereira
Editor: Roberta Densa
Assistente Editorial: Paula Morishita
Revisora Sênior: Georgia Renata Dias
Revisora: Simone Dias
Capa Criação: Leonardo Hermano
Diagramação: Ladislau Lima e Aparecida Lima
Impressão miolo e capa: FORMA CERTA

Dados Internacionais de Catalogação na Publicação (CIP) de acordo com ISBD

C679

    Coisa julgada: aspectos comparados Brasil-Itália / Beatrice Ficcarelli ... [et al.] ; coordenado por Érico Andrade, Juliana Cordeiro de Faria, Martino Zulberti. - Indaiatuba, SP : Editora Foco, 2022.

    124 p. ; 17cm x 24cm.

    Inclui bibliografia e índice.
    ISBN: 978-65-5515-552-5

    1. Direito. 2. Coisa julgada. 3. Brasil. 4. Itália. I. Ficcarelli, Beatrice. II. Volpino, Diego. III. Andrade, Érico. IV. Theodoro Júnior, Humberto. V. Baccaglini, Laura. VI. Zulberti, Martino. VII. Vanzetti, Michelle. VIII. Lucon, Paulo Henrique dos Santos. IX. Alvim, Teresa Arruda. X. Faria, Juliana Cordeiro de. XI. Título.

2022-2385   CDD 340   CDU 34

Elaborado por Vagner Rodolfo da Silva - CRB-8/9410

Índices para Catálogo Sistemático:

1. Direito 340
2. Direito 34

DIREITOS AUTORAIS: É proibida a reprodução parcial ou total desta publicação, por qualquer forma ou meio, sem a prévia autorização da Editora FOCO, com exceção do teor das questões de concursos públicos que, por serem atos oficiais, não são protegidas como Direitos Autorais, na forma do Artigo 8º, IV, da Lei 9.610/1998. Referida vedação se estende às características gráficas da obra e sua editoração. A punição para a violação dos Direitos Autorais é crime previsto no Artigo 184 do Código Penal e as sanções civis às violações dos Direitos Autorais estão previstas nos Artigos 101 a 110 da Lei 9.610/1998. Os comentários das questões são de responsabilidade dos autores.

NOTAS DA EDITORA:

Atualizações e erratas: A presente obra é vendida como está, atualizada até a data do seu fechamento, informação que consta na página II do livro. Havendo a publicação de legislação de suma relevância, a editora, de forma discricionária, se empenhará em disponibilizar atualização futura.

Erratas: A Editora se compromete a disponibilizar no site www.editorafoco.com.br, na seção Atualizações, eventuais erratas por razões de erros técnicos ou de conteúdo. Solicitamos, outrossim, que o leitor faça a gentileza de colaborar com a perfeição da obra, comunicando eventual erro encontrado por meio de mensagem para contato@editorafoco.com.br. O acesso será disponibilizado durante a vigência da edição da obra.

Impresso no Brasil (08.2022) – Data de Fechamento (08.2022)

2022
Todos os direitos reservados à
Editora Foco Jurídico Ltda.
Avenida Itororó, 348 – Sala 05 – Cidade Nova
CEP 13334-050 – Indaiatuba – SP

E-mail: contato@editorafoco.com.br
www.editorafoco.com.br

COMO USAR O LIVRO

Na intenção de manter a originalidade dos textos publicados em italiano, optamos por deixá-los na íntegra disponibilizados em formato PDF.

Para simplificar o acesso a esses conteúdos, a obra apresentará QR Codes nos pontos onde for pertinente a consulta. Basta que, se utilizando de dispositivo móvel, seja feita a leitura do código pela câmera do aparelho para imediato acesso.

1
BREVI CONSIDERAZIONI IN TEMA DI LIMITI SOGGETTIVI DEL GIUDICATO IN ITALIA

Laura Baccaglini
Professore associato nell'Università degli Studi di Trento

Sumário: 1.1 Profili introduttivi – 1.2 Posizione del problema – 1.3 La soluzione fondata sulla c.d. efficacia generalizzata del giudicato – 1.4 La preferibile ricostruzione del problema che valorizza il dettato dell'art. 2909 c.c. – 1.5 I limiti soggettivi del giudicato nel pensiero di E.T. Liebman – 1.6 La ricostruzione dell'efficacia soggettiva del giudicato secondo la teorica della␣c.d. dipendenza civilistica. Qualche spunto di riflessione – 1.7 Bibliografia essenziale.

PREFÁCIO

Este livro "Coisa julgada: aspectos comparados Brasil-Itália" é fruto da colaboração entre a Faculdade de Direito da Universidade Federal de Minas Gerais e a *Facoltà di Giurisprudenza dell'Università degli Studi di Milano*, cujas relações acadêmicas foram reavivadas a partir do final de 2019, em seguida à presença de um dos organizadores deste livro como professor pesquisador na *Università degli Studi di Milano*.

O período foi útil para iniciar a colaboração, voltada ao diálogo sobre temas de interesse para o direito brasileiro e para o direito italiano. Nesse sentido, a comparação se desenvolveu, em particular, sobre um dos temas clássicos do processo civil, a coisa julgada, objeto de renovado estudo e debate no Brasil, em razão da nova disciplina, por exemplo, da extensão do alcance da coisa julgada para abarcar também a questão prejudicial (art. 503, §§ 1º e 2º). Considerando que a elaboração da coisa julgada no Brasil se construiu a partir do direito italiano, e particularmente com base no pensamento de Enrico Tullio Liebman, a comparação com o direito italiano se apresenta sempre muito profícua para o estudioso brasileiro.

A partir dessas premissas, foi sendo maturada a ideia de organizar um congresso sobre o tema, donde surgiram as "Jornadas de Estudo Ítalo-Brasileiras sobre Coisa Julgada". O evento, realizado com o apoio do Instituto Brasileiro de Direito Processual – IBDP e do Instituto de Direito Processual – IDPro, se desenvolveu em quatro jornadas distantes, no período de 29 de março de 2021 a 30 de abril de 2021, e contou com a participação de estudiosos e professores italianos e brasileiros, de diversas universidades. Os artigos constantes deste livro representam, basicamente, as apresentações e as intervenções desenvolvidas no congresso, subdivididos nos temas que constituíram objeto de cada uma das jornadas: limites subjetivos da coisa julgada; modificação da demanda e coisa julgada; limites objetivos da coisa julgada; e, por fim, contraste entre coisas julgadas[1].

Espera-se que esta primeira iniciativa possa renovar e reforçar as ligações entre as duas Universidades, que remonta no tempo, quando, no século passado, Liebman – que já foi professor titular de Direito Processual Civil e Diretor da *Facoltà di Giurisprudenza dell'Università degli Studi di Milano* – iniciou suas lições no Brasil justamente na Universidade Federal de Minas Gerais, em 1940.

Belo Horizonte – Milão, junho 2022.

Érico Andrade
Juliana Cordeiro de Faria
Martino Zulberti

---

1. Os vídeos com as palestras dos Professores italianos e brasileiros, nas quatro etapas das "Jornadas de estudo ítalo-brasileiras sobre coisa julgada", estão disponíveis no canal *youtube* do IDPro: https://www.youtube.com/channel/UCmYUIoYwd4aGGdHQMEM71JQ.

PREFAZIONE

Il volume *Coisa julgada: aspectos comparados Brasil-Itália* è il frutto della collaborazione fra la Facoltà di Giurisprudenza dell'Università Federale di Minas Gerais e la Facoltà di Giurisprudenza dell'Università degli Studi di Milano, i cui rapporti accademici hanno avuto modo di riattivarsi da fine 2019, a seguito del soggiorno presso l'Ateneo milanese di uno dei curatori del presente volume.

L'occasione è stata utile per avviare un dialogo su temi di interesse per il diritto sia brasiliano, sia italiano. Il confronto si è sviluppato, in particolare, su uno dei temi classici del processo civile, la cosa giudicata, oggetto peraltro di un ravvivato dibattito in Brasile, in ragione della nuova disciplina dell'estensione dell'accertamento alle questioni pregiudiziali di merito (art. 503 c.p.c. brasiliano). Noto è che molto deve l'elaborazione della cosa giudicata in Brasile alla dottrina italiana e, in particolare, al pensiero di Enrico Tullio Liebman, ragione per cui da sempre la comparazione con l'ordinamento italiano si presenta particolarmente proficua per lo studioso brasiliano.

Con queste premesse è maturata l'idea di organizzare un convegno sul tema: le *Jornadas de Estudo Ítalo-Brasileiras sobre Coisa julgada*. L'evento – che è stato realizzato con il supporto dell'Instituto Brasileiro de Direito Processual - IBDP e dell'Instituto de Direito Processual – IDPro – si è svolto in quattro giornate, dal 29 marzo 2021 al 30 aprile 2021 e ha visto partecipare studiosi sia italiani, sia brasiliani. Gli scritti raccolti nel presente volume consistono nelle relazioni e negli interventi al Convegno, suddivisi per gli argomenti cui ciascuna delle quattro giornate di studio è stata dedicata: limiti soggettivi del giudicato; modifica della domanda e giudicato; limiti oggettivi del giudicato; e, infine, contrasto di giudicati.[1]

L'auspicio è che questa prima iniziativa possa rinnovare e rafforzare i legami tra le due Università, risalenti nel tempo quando, nel secolo scorso, Liebman, già professore ordinario di diritto processuale civile e Preside della Facoltà di Giurisprudenza dell'Università degli Studi di Milano, aveva insegnato, nel 1940, proprio all'Universidade Federal de Minas Gerais.

Belo Horizonte – Milano, giugno 2022.

Érico Andrade
Juliana Cordeiro de Faria
Martino Zulberti

---

1. Le registrazioni delle *Jornadas de Estudo Ítalo-Brasileiras sobre Coisa julgada* sono disponibili sul canale Youtube dell'Instituto de Direito Processual – IDPro al seguente link: https://www.youtube.com/channel/UCmYUIoYwd4aGGdHQMEM71JQ.

SUMÁRIO

COMO USAR O LIVRO ....

PREFÁCIO
Érico Andrade, Juliana Cordeiro de Faria e Martino Zulberti V

PREFAZIONE
Érico Andrade, Juliana Cordeiro de Faria e Martino Zulberti VII

PARTE I
LIMITES SUBJETIVOS DA COISA JULGADA

1. BREVI CONSIDERAZIONI IN TEMA DI LIMITI SOGGETTIVI DEL GIUDICATO IN ITALIA
Laura Baccaglini 3

2. BREVES CONSIDERAÇÕES SOBRE O TEMA DOS LIMITES SUBJETIVOS DA COISA JULGADA NA ITÁLIA
Laura Baccaglini www.

3. LIMITES SUBJETIVOS DA COISA JULGADA NO DIREITO BRASILEIRO: UMA RÁPIDA COMPARAÇÃO COM O DIREITO ITALIANO
Érico Andrade 15

PARTE II
MODIFICAÇÃO DA DEMANDA E COISA JULGADA

1. BREVI NOTE SULLA *MUTATIO ED EMENDATIO LIBELLI* E LE DOMANDE COMPLANARI
Michelle Vanzetti 27

2. BREVES NOTAS SOBRE A *MUTATIO ED EMENDATIO LIBELLI* E AS DEMANDAS "COMPLANARI"
Michelle Vanzetti www.

3. ESTABILIZAÇÃO DA DEMANDA E *MUTATIO LIBELLI*: BREVE VISÃO COMPARATÍSTICA ENTRE OS REGIMES DO CPC BRASILEIRO E DO CPC ITALIANO
Humberto Theodoro Júnior 39

---

www. Acesse o conteúdo on-line. Siga as orientações disponíveis na página III.

PARTE III
LIMITES OBJETIVOS DA COISA JULGADA

1. BREVI CONSIDERAZIONI IN TEMA DI LIMITI OGGETTIVI DEL GIUDICATO
Martino Zulberti 55

2. BREVES CONSIDERAÇÕES SOBRE O TEMA DOS LIMITES OBJETIVOS DA COISA JULGADA
Martino Zulberti   www.

3. EXTENSÃO DOS LIMITES DA COISA JULGADA ÀS QUESTÕES PREJUDICIAIS
Paulo Henrique dos Santos Lucon 67

4. L'ART. 503 C.P.C. BRASILIANO: UN BUON ESEMPIO DI *LEGAL TRANSPLANT*
Diego Volpino 77

5. O ART. 503 DO CPC BRASILEIRO: UM BOM EXEMPLO DE *LEGAL TRANSPLANT*
Diego Volpino   www.

PARTE IV
CONTRASTE DE COISAS JULGADAS

1. IL CONTRASTO TRA GIUDICATI NEL SISTEMA DEL PROCESSO CIVILE ITALIANO: UNA VISIONE DI INSIEME
Beatrice Ficcarelli 87

2. O CONTRASTE ENTRE AS COISAS JULGADAS NO SISTEMA DO PROCESSO CIVIL ITALIANO: UMA VISÃO CONJUNTA
Beatrice Ficcarelli   www.

3. DUAS COISAS JULGADAS
Teresa Arruda Alvim 99

4. BREVI OSSERVAZIONI CONCLUSIVE SUL CONTRASTO TRA GIUDICATI
Martino Zulberti 109

5. BREVES OBSERVAÇÕES CONCLUSIVAS SOBRE O CONTRASTE ENTRE COISAS JULGADAS
Martino Zulberti   www.

Parte I
LIMITES SUBJETIVOS DA COISA JULGADA

Parte I

LIMITES SUBJETIVOS
DA COISA JULGADA

1
BREVI CONSIDERAZIONI IN TEMA DI LIMITI SOGGETTIVI DEL GIUDICATO IN ITALIA

Laura Baccaglini

Professore associato nell'Università degli Studi di Trento.

Sumário: 1.1 Profili introduttivi – 1.2 Posizione del problema – 1.3 La soluzione fondata sulla c.d. efficacia generalizzata del giudicato – 1.4 La preferibile ricostruzione del problema che valorizza il dettato dell'art. 2909 c.c. – 1.5 I limiti soggettivi del giudicato nel pensiero di E.T. Liebman – 1.6 La ricostruzione dell'efficacia soggettiva del giudicato secondo la teorica della cd. dipendenza civilistica. Qualche spunto di riflessione – 1.7 Bibliografia essenziale.

1.1 PROFILI INTRODUTTIVI

Definire l'efficacia soggettiva della cosa giudicata è una questione di diritto positivo (Attardi). Ciascun ordinamento resta libero di stabilire chi sia vincolato agli effetti della sentenza, una volta che essa sia passata in giudicato. Il sistema italiano, con una norma collocata nel codice civile (l'art. 2909), ha fatto una scelta precisa, disponendo che "l'accertamento contenuto nella sentenza passata in giudicato fa stato tra le parti, gli eredi e gli aventi causa". Nonostante il dettato normativo piuttosto *tranchant*, il tema dei limiti soggettivi della cosa giudicata non può considerarsi certo esaurito dalla posizione di quella norma. Anzi, appare più corretto esprimersi nei termini di problema, anziché di tema, posto che da sempre, in Italia, ci si chiede se – di là dalla previsione dell'art. 2909 c.c. – sia possibile immaginare l'esistenza di soggetti che, pur non avendo rivestito il ruolo di parte, di avente causa o di erede, siano comunque vincolati agli effetti della cosa giudicata; e se sì, in che termini si possa discorrere di vincolo per quest'ultima alla sentenza trascorsa in cosa giudicata.

Il dibattito che ha interessato, e che continua ad interessare, gli studiosi e la stessa giurisprudenza italiana, e l'evoluzione dei risultati cui si è assistito a partire dai primi decenni del secolo scorso, sono stati certamente condizionati dall'esistenza di due fattori in un certo senso contrapposti. Da un lato, il riferimento è all'influenza, sia pur regressiva, della dottrina francese (che ancor oggi ricorre alla *fictio* della cd. rappresentanza, per estendere la cosa giudicata anche a terzi, che non abbiano preso parte alla lite, ampliando massimamente la nozione di parte) e, di poi, a quelle ricostruzioni, che hanno trovato riscontro in Italia soprattutto nei primi anni del '900, volte a valorizzare massimamente la portata soggettiva del giudicato. Dall'altro lato, l'avvento della Costituzione nel 1948 ha reso imprescindibile il confronto di qualsiasi soluzione con la necessità di tutelare il diritto di difesa del terzo (art. 24 Cost.). Un diritto, questo, che è destinato a prevalere sulle ragioni pubblicistiche dell'economia processuale e dell'armonia tra giudicati. Non è un caso che la soluzione al problema dei limiti soggettivi del giudicato sia stata descritta nei termini di un bilanciamento tra il diritto di azione e quello di difesa. Ciò, nel senso che il legislatore può imporre al terzo di subire gli effetti del giudicato reso *inter alios* solo quando impedire a quel giudicato di estendere i suoi effetti verso i terzi possa comportare un *deficit* di tutela giurisdizionale per la parte vittoriosa.

1.2 POSIZIONE DEL PROBLEMA

Gli interrogativi con cui la dottrina italiana si è misurata, al cospetto dell'art. 2909 c.c., sono stati, dunque, due: chi sono le parti, gli eredi e gli aventi causa vincolati dal giudicato e se ci sono (e se sì, chi sono i) terzi assoggettati alla cosa giudicata che non rientrino nelle categorie indicate dalla norma menzionata. Certamente, però, dei due quesiti prospettati, è soprattutto il secondo quello che conserva attualità.

Per la verità, se ci limitassimo alla chiara lettera dell'art. 2909 c.c., dovremmo negare qualsiasi efficacia della cosa giudicata nei confronti dei terzi. E, anticipo subito, a me pare che sia questa la soluzione preferibile. Il punto è, però, che accanto all'art. 2909 c.c. si danno nel codice civile anche altre norme, dal tenore non univoco (art. 1595 comma 3, 1485, 2870), le quali – a prescindere dal significato concreto che si voglia loro attribuire – hanno in comune ciò, che si occupano degli effetti che una sentenza resa su un certo rapporto ha rispetto a terzi, titolari di un rapporto distinto ma dipendente da quello oggetto della pronuncia.

Siamo in presenza di ipotesi caratterizzate da un nesso di pregiudizialità-dipendenza tra rapporti giuridici correnti tra parti parzialmente diverse. Ora, se le parti di entrambi i rapporti fossero le stesse, la piana applicazione dell'art. 2909 c.c. condurrebbe ad affermare che l'accertamento del rapporto pregiudiziale fa stato anche nel secondo processo relativo al rapporto dipendente. Al contrario, invece, proprio quando (e se) i soggetti del rapporto pregiudiziale (A-B) sono parzialmente diversi rispetto dai soggetti del rapporto dipendente (A-C o B-C), si pone il problema se la cosa giudicata formatosi sul rapporto A-B produca effetti nel processo in cui sia dedotto un rapporto tra parti diverse (B-C o A-C) che dal primo dipende. Chi lo ritiene possibile, si domanda in che modo, con quali mezzi processuali e con quali limiti il terzo, titolare del rapporto dipendente, possa contestare l'efficacia di quella sentenza.

1.3 LA SOLUZIONE FONDATA SULLA C.D. EFFICACIA GENERALIZZATA DEL GIUDICATO

Con tutti i limiti che presenta qualsiasi classificazione – qui imposta anche per ragioni di sintesi – è possibile delineare l'esistenza di almeno tre distinti filoni di pensiero.

Al primo, che potremmo definire del "valore assoluto del giudicato" o della efficacia riflessa generalizzata del giudicato, va ricondotto il pensiero di E. Allorio, espresso nella sua celebre monografia *La cosa giudicata nei confronti dei terzi* (1935), quello di F. Carnelutti, di G. Fabbrini e, con talune varianti, l'opinione espressa in alcuni scritti da A. Porto Pisani.

Stando a questa ricostruzione del problema, ai nessi di dipendenza sostanziale tra rapporti giuridici si collegherebbe sempre il manifestarsi di una efficacia riflessa della sentenza: ciò anche quando i titolari dei rapporti dipendenti non abbiano assunto il ruolo di parte. Nell'ottica che si esamina, i limiti soggettivi del giudicato rappresenterebbero un riflesso dei suoi limiti oggettivi; detto altrimenti, se è vero che, in linea di principio, la sentenza che passa in giudicato non può valere come regolamento autoritativo di un altro, diverso rapporto, è altrettanto vero che il "giudice nello statuire sulla domanda del terzo, dovrà accogliere, del rapporto condizionato, la configurazione datagli dalla precedente, apposita sentenza".

Pertanto, ogni volta che l'esistenza o l'inesistenza di un diritto, *status* o rapporto giuridico dipende sul piano sostanziale dall'esistenza o inesistenza di un diverso diritto o *status*, il giudicato intervenuto sul rapporto pregiudiziale farebbe comunque stato, ai sensi dell'art. 2909 c.c., nel giudizio in cui si discuta del rapporto dipendente, anche se le parti di tale giudizio non coincidono con quelle del rapporto pregiudiziale. I vantaggi di questa impostazione sono evidenti e si lasciano apprezzare sul piano della economia processuale e della armonia dei giudicati. Altrettanto evidente, però, è l'eccessiva penalizzazione che essa importa al terzo.

Due sono gli ostacoli al suo accoglimento che appaiono insuperabili. Il primo è costituito dalla sua compatibilità con le norme della Costituzione (artt. 24, 111), che escludono che il diritto di azione e quello di difesa possano essere compromessi da norme di rango ordinario. A questo proposito, un importante contributo al dibattito sull'argomento è stato offerto dalla storica sentenza della Corte Costituzionale, resa il 24 marzo 1971, n. 55. Chiamata a pronunciarsi sulla efficacia del giudicato penale (relativo a fatti) nel processo civile, la Consulta ha avuto modo di precisare che "La Costituzione all'art. 24 ha riconosciuto rango superiore al diritto di difesa e al rispetto del principio del contraddittorio. L'essenza pubblicistica dell'accertamento giurisdizionale che importa l'espansione e la rifrazione di effetti anche in ordine a rapporti diversi rispetto a quello anteriormente dichiarato deve cedere il passo al principio per il quale nessuno può subire per un giudicato reso inter alios la negazione di un diritto o l'imposizione di un obbligo o di una soggezione".

Il secondo argomento, che impedisce *de iure condito* l'accoglimento della tesi che si esamina, è l'assenza di qualsiasi riscontro nel dato normativo, il quale anzi sembra muoversi in una direzione opposta. Il riferimento, qui, non è soltanto all'art. 2909 c.c. che menziona tra i soggetti vincolati alla cosa giudicata i terzi, ma soprattutto all'art. 404, comma 2, c.p.c., che disciplina la cd. opposizione di terzo revocatoria, ossia un mezzo di impugnazione che consente ai creditori o agli aventi causa di ottenere l'annullamento della sentenza quando essa è frutto del dolo o della collusione delle parti. Ebbene, alla difficoltà di estendere la legittimazione attiva al rimedio *ex* art. 404, comma 2, c.p.c. ai terzi titolari di un rapporto dipendente (che certo non ricadono nelle categorie menzionate dalla norma), si somma quella di scorgere nell'opposizione revocatoria uno strumento capace di presidiare il diritto di difesa del terzo: costui, infatti, per riuscire ad evitare la (supposta) efficacia di quel giudicato nei suoi confronti dovrebbe essere capace di dimostrare il dolo o la collusione tra le parti.

1.4 LA PREFERIBILE RICOSTRUZIONE DEL PROBLEMA CHE VALORIZZA IL DETTATO DELL'ART. 2909 C.C.

In posizione diametralmente opposta alla tesi dell'efficacia generalizzata della cosa giudicata, si pongono le tesi cd. restrittive, sostenute tra gli altri da C. Vocino, da A. Attardi, dallo stesso E. Allorio, nei suoi scritti degli anni '70, e di recente anche da A. Chizzini.

Stando a questo filone di pensiero, *alterum* sono i nessi di dipendenza sostanziale tra i rapporti, *alterum* è il manifestarsi della efficacia riflessa nei confronti dei terzi titolari di rapporti dipendenti. Detto altrimenti, nel nostro ordinamento non è dato di ricavare alcun appiglio normativo per ammettere che alla dipendenza sostanziale tra rapporti corrisponda la soggezione alla cosa giudicata formatasi sul rapporto pregiudiziale. Non sarebbe insomma desumibile, in alcun modo, che i due fenomeni debbano concorrere: al contrario, l'art. 2909 c.c. e la garanzia costituzionale del diritto di difesa del terzo sono un chiaro indice del fatto che il terzo non è mai vincolato alla cosa giudicata resa *inter alios* anche quando sia titolare di un diritto dipendente.

Si tratta di una soluzione che non solo tutela massimamente le esigenze di tutela del terzo, oggi presidiate da una norma di rango costituzionale, ma che, oltretutto, è pienamente conforme al principio dispositivo al quale è improntato il processo civile. Se il terzo nella lite avente ad oggetto il diritto pregiudiziale non è intervenuto o non è stato chiamato, allora è da escludersi che la cosa giudicata che si è formata sul rapporto pregiudiziale possa essergli estesa.

Le tesi restrittive negano che le norme del codice civile sopra richiamate (l'art. 1485, l'art. 2870 e l'art. 1595 c.c.) si riferiscano ad un caso di estensione della cosa giudicata resa nel rapporto *inter alios* nei confronti del terzo dipendente. Così, esemplificando, sostenere che il venditore, convenuto in condanna per l'evizione dal compratore evitto, possa difendersi dicendo che esistevano ragioni sufficienti per rigettare la domanda del terzo evittore, domandare il rigetto della domanda dimostrando che è sbagliata significa riconoscere che la sentenza, alla quale egli sia terzo, prova un fatto costitutivo della domanda del compratore. E che quel fatto può essere contestato o se ne può dare prova contraria.

Contro questa tesi, però, non sono mancate obiezioni. In particolare, si è osservato come questa impostazione non riesca a spiegare il dettato di alcune norme del codice civile, ed in particolare quella contenuta nell'art. 1595, secondo cui la sentenza che dichiara nullo o che dispone la risoluzione del contratto di locazione, ha effetto anche nei confronti del subconduttore. Chi critica, insomma, la tesi restrittiva ritiene che essa non riesca a giustificare la portata di questa norma che estende la cosa giudicata anche al titolare di un diritto dipendente, che è rimasto terzo rispetto al giudicato pronunciato sul rapporto pregiudiziale.

1.5 I LIMITI SOGGETTIVI DEL GIUDICATO NEL PENSIERO DI E.T. LIEBMAN

In una posizione intermedia, tra queste due opposte visioni dei limiti soggettivi del giudicato, se ne collocano alcune, che potremmo definire selettive, perché esse in vario modo hanno cercato di temperare il rigore della seconda tesi, senza però esporsi al dubbio della incostituzionalità (e dunque del mancato rispetto dell'inviolabile diritto di difesa del terzo) affacciatosi per la prima.

La prima alla quale intendo riferirmi è la tesi di E. Tullio Liebman e alla distinzione, su cui essa si fonda, tra efficacia naturale ed autorità della sentenza. Mentre solo l'autorità della sentenza (la cosa giudicata) vincolerebbe le parti, la sentenza in sé, quale atto dello Stato, vincolerebbe anche i terzi. I terzi, cui Liebman si riferisce nel suo pensiero, non sono solo i titolari di diritti dipendenti da quello deciso dalla sentenza: sono indiscriminatamente tutti i terzi. I quali, però, potrebbero sempre sottrarsi alla efficacia della sentenza resa *inter alios*. Ciò, dimostrando la cd. ingiustizia della sentenza nel secondo giudizio instaurato da o nei loro confronti, ossia provando che esistevano ragioni sufficienti per un diverso accertamento del rapporto pregiudiziale, ottenendone la disapplicazione *incidenter tantum*, alla stregua di quanto previsto dagli artt. 4 e 5 della l. 2248/1865, all. E, per i provvedimenti amministrativi. Si tratta di una soluzione che, se applicata al terzo titolare di un diritto dipendente da quello oggetto del giudicato, è capace di coniugare il suo diritto di difesa con l'idea di una efficacia *ultra partes* della sentenza.

Contro la tesi di Liebman non sono mancate forti obiezioni. Da un lato, si è notato che la nozione di efficacia della sentenza suscettibile di essere distrutta dal terzo, previa dimostrazione della sua ingiustizia, è una nozione del tutto evanescente perché, per un verso, finisce per consentire una nuova integrale cognizione del rapporto precedentemente accertato e, per altro verso, si muove soprattutto sul piano dell'onere della prova – cioè dei fatti – più che sul piano dell'accertamento dei rapporti (Attardi, Chizzini). In altri termini, il terzo che intende contestare l'efficacia di un giudicato reso *inter alios* potrà farlo quando vorrà, chiedendo al giudice l'accertamento sul proprio rapporto senza esserne vincolato dal precedente giudicato che per l'appunto contesta. Dall'altro lato, la tesi di Liebman, nella misura in cui generalizza la soluzione accolta dagli artt. 1485 c.c., art. 2859 c.c. e art. 2970 c.c., si pone in contrasto con l'art. 404 c.p.c.: è infatti evidente che il terzo, qualora intendesse mettere in discussione il giudicato sul diritto pregiudiziale reso *inter alios*, dovrebbe domandare al giudice l'annullamento della sentenza anche nei confronti di coloro che ne sono state parti (Chizzini).

1.6 LA RICOSTRUZIONE DELL'EFFICACIA SOGGETTIVA DEL GIUDICATO SECONDO LA TEORICA DELLA CD. DIPENDENZA CIVILISTICA. QUALCHE SPUNTO DI RIFLESSIONE

Vi è infine un'altra tesi che si è fatta strada tra le due opposte e più rigorose, e che negli ultimi tempi ha fatto breccia nella stessa giurisprudenza. Si tratta di una ricostruzione che, in Italia, deve i suoi natali a F.P. Luiso, sulla scia della dottrina tedesca, e in particolare degli insegnamenti di Hellwig e di Eccius e che in Italia è stata definita della dipendenza civilistica (Chizzini).

Nella sua monografia, *Principio del contraddittorio ed efficacia della sentenza verso i terzi*, Luiso muove da una premessa che può riassumersi in questi termini: la presenza di un nesso di pregiudizialità-dipendenza tra rapporti giuridici, che corrono tra parti parzialmente diverse, è una condizione necessaria ma non sufficiente perché si abbia la riflessione dell'accertamento, ossia perché il giudicato sul rapporto pregiudiziale si estenda anche al terzo titolare di un diritto dipendente. Anche Luiso, insomma, come le tesi restrittive cui sopra si è fatto richiamo, nega che nel nostro ordinamento il giudicato abbia efficacia riflessa generalizzata nei confronti dei terzi, solo perché titolari di diritti dipendenti. Tuttavia, dalla verifica della struttura dei rapporti sostanziali, Egli ritiene sia possibile selezionare situazioni di dipendenza particolare, nelle quali l'accertamento o la modificazione sul piano sostanziale di un rapporto si riflette sulla sorte di altri rapporti che fanno capo a terzi. L'emersione, nel diritto positivo, di una siffatta conclusione si scorgerebbe nell'art. 1595, comma 3, c.c., in cui si dispone che la nullità o la risoluzione del contratto di locazione ha effetto anche nei confronti del conduttore. Si ravvisa in questa norma la dimostrazione che, in alcuni casi, il venir meno del rapporto principale – come quello di locazione – provoca l'estinzione sul piano sostanziale di quello dipendente – la sublocazione. E sarebbe proprio l'evidenziata pregiudizialità-dipendenza di carattere permanente tra rapporti a giustificare anche l'estensione dell'efficacia della sentenza pronunciata tra locatore e conduttore nei confronti del subconduttore, come l'art. 1595, comma 3, c.c. prevede.

Luiso ritiene che l'estensione dell'efficacia del giudicato al socio non violerebbe in nessun modo il principio del contraddittorio. Scrive Luiso che il contraddittorio "è garanzia fondamentale del processo civile, ma solo quando la posizione sostanziale del terzo lo protegge dagli atti di disposizione di una delle parti: altrimenti è superfluo o, meglio, non trova applicazione, perché gli effetti della sentenza si ripercuotono sul terzo non come gli effetti propri di un provvedimento giurisdizionale, ma esclusivamente in virtù del modo di essere della posizione sostanziale del terzo".

Nel suo manuale (*Diritto processuale civile*, I, Milano, da ult. 2021), ma già nella monografia *L'esecuzione ultra partes della sentenza* (1984), Luiso scorge un altro caso di pregiudizialità-dipendenza a carattere permanente nel rapporto tra obbligo dei soci di una s.n.c. ed obbligo assunto da quella società verso un terzo. Il fatto che il socio risponda illimitatamente dei debiti di una società di persone dimostrerebbe che la posizione del socio è permanentemente dipendente da quella della società: qualunque obbligo sociale, in qualunque modo sorto, fa nascere nel socio l'obbligo corrispondente, sempre che – è ovvio – sussistano gli altri fatti che, insieme all'esistenza di quello sociale, integrano la fattispecie costitutiva dell'obbligo dipendente. Ed è per questo che, secondo l'ottica che qui si indaga, nei rapporti fra una società di persone e i soci si riscontrano perfettamente i presupposti degli effetti cd. riflessi della sentenza". La conclusione è di rilievo perché, così opinando, si esclude di poter qualificare i soci di una società di persone come coobbligati in solido della società. La solidarietà – secondo questa tesi – correrebbe tra i singoli soci, non tra i soci e la società stessa. Ed è quanto porta dunque ad escludere, secondo Luiso, l'applicazione dell'art. 1306, primo comma, c.c. che, proprio per il caso di obbligazione solidale, dispone che la sentenza pronunciata tra creditore e un condebitore non ha effetti nei confronti del coobbligato solidale, rimasto terzo alla lite.

Nell'ottica di Luiso, invece, la conclusione cui si giunge è diametralmente opposta. In luogo dell'inopponibilità al singolo socio della cosa giudicata, pronunciata nei confronti della società, trova applicazione l'estensione del giudicato. Proprio con riferimento a questa ipotesi, relativa alla relazione corrente tra i soci e una società di persone, che la giurisprudenza ha dato mostra, negli ultimi anni, di aderire alla ricostruzione proposta da Luiso. È infatti massima tradizionalmente ricevuta quella secondo cui la sentenza di condanna pronunciata contro la società di persone ha effetto anche nei confronti dei singoli soci: come qualunque atto di disposizione compiuto dal rappresentante della società di persone pregiudica il socio sul piano sostanziale, così la sentenza pronunciata contro la società ha effetto nei suoi confronti. Si giunge, financo, a ritenere che l'eventuale condanna a carico della società possa essere impiegata come titolo esecutivo anche nei confronti del singolo socio.

Nonostante l'adesione delle Corti a questa lettura, a me pare colgano nel segno le critiche che contro di essa sono state avanzate.

Anzitutto, si è dubitato che la portata dell'art. 1595 c.c. abbia a che vedere con la pregiudizialità-dipendenza (Balena): già sul piano sostanziale è da escludere che – in forza di quella previsione – si crei un rapporto tra locatore e subconduttore, e sorga tra quei soggetti un'obbligazione: il diritto di godimento sul bene, che spetta al subconduttore, più che dipendere giuridicamente dallo speculare diritto di godimento che il conduttore vanta nei confronti del locatore, trova in questo un semplice presupposto di fatto (Consolo). Tant'è vero che il subconduttore, impedito nella sua facoltà di godimento del bene perché il diritto del conduttore è venuto meno per qualsiasi motivo (anche per risoluzione del contratto di locazione), potrebbe agire nei confronti del suo dante causa, per chiedere il risarcimento dei danni.

L'art. 1595 c.c., più che essere dimostrazione del fatto che l'estinzione del rapporto principale importa automaticamente anche il venir meno del rapporto dipendente (ed in questo senso confermare l'esistenza di dipendenza permanente tra i rapporti di locazione e sublocazione), si limita piuttosto ad impedire al subconduttore solo la materiale esercitabilità del suo diritto in forma specifica (Consolo).

Quanto poi alla fattispecie relativa alla responsabilità dei soci e delle società di persone, proprio il fatto che la responsabilità dei primi sia qualificata espressamente come solidale, ha fatto giustamente dubitare una parte della dottrina della correttezza dell'idea che già l'accertamento del debito sociale si estenda in via riflessa nei confronti dei singoli soci, in forza dell'art. 1306, comma 1, c.c. È vero che a favore dei soci, nella società di persone, è previsto il *beneficium escussionis*, sì che il creditore dovrebbe prima aggredire il patrimonio della società e, solo in caso di incapienza, rivolgersi ai soci. La sussidiarietà che caratterizza l'obbligazione dei singoli non fa venir meno la natura solidale dell'obbligazione cui sono tenuti i soci e la società. La situazione che si verifica è molto simile a quella che connota la posizione del fideiussore, nei suoi rapporti tra creditore e debitore principale, per la quale non si dubita che trovi applicazione l'art. 1306 c.c., e così – per quanto qui rileva – l'inopponibilità al coobbligato solidale, ad interesse unisoggettivo, della sentenza pronunciata tra creditore e debitore principale. Per queste ragioni, insomma, si dovrebbe escludere qualsiasi efficacia riflessa del giudicato pronunciato nei confronti della società rispetto ai singoli soci (Balena).

Più in generale, quanto alla tenuta della tesi della cd. dipendenza civilistica, mi pare colga nel segno chi ha osservato come, sul piano della teoria generale del processo e soprattutto del diritto positivo, rimanga tutta da dimostrare quella correlazione biunivoca tra effetti degli atti dispositivi ed effetti della cosa giudicata, sì che la conformazione sul piano sostanziale di un rapporto ad un altro importi la necessità che il titolare del primo debba subire gli effetti del giudicato, reso sul secondo, come fattispecie costitutiva (Chizzini).

1.7 BIBLIOGRAFIA ESSENZIALE

ALLORIO, Enrico. *L'efficacia della cosa giudicata rispetto ai terzi*. Milano: Giuffrè, 1935; ALLORIO, Enrico. Trent'anni di applicazione del codice di procedura civile. In: ALLORIO, Enrico. *Commentario del codice di procedura civile*, II, 1, Torino: Utet, 1980; ATTARDI, Aldo. *Diritto processuale civile*. Padova: Cedam, 1999; ATTARDI, Aldo. Il giudicato e un recente progetto di riforma. *Rivista di diritto civile*, 1979, 257 ss.; BALENA, Gianpiero. Sentenza contro società di persone ed effetti per il socio. *Giusto processo civile*, 2009, 35 ss.; CARPI, Federico. *L'efficacia "ultra partes" della sentenza*. Milano, 1974; Cavallini, Cesare. L'efficacia (riflessa) della sentenza nel pensiero di E.T. Liebman. *Rivista di diritto processuale*, 2007, 1221 ss.; CHIZZINI, Augusto. *L'intervento adesivo*, I-II, Milano: Giuffrè, 1991-1992; CHIZZINI, Augusto. Riflessioni (per nulla innovative, ma non meno necessarie) in tema di limiti soggettivi del giudicato. Una questione sempre aperta. In: CHIZZINI, Augusto. *Pensiero e azione nella storia del processo civile. Studi*. Milano: Wolters Kluwer, 2013, 191 ss.; CONSOLO, Claudio. *Il cumulo condizionale di domande*, I-II. Padova: Cedam, 1985; CONSOLO, Claudio. *Spiegazioni di diritto processuale civile*, I-II. Torino: Giappichelli, 2019; HELLWIG, Konrad. *Wesen und Subjektive Begrenzung Der Rechtskraft*. Leipzig: A. Deichert, 1901; LIEBMAN, Enrico Tullio. *Efficacia e autorità della sentenza*. Milano: Giuffrè, 1935; LUISO, Francesco Paolo. *L'esecuzione* ultra partes *della sentenza*. Milano: Giuffrè, 1984; LUISO, Francesco Paolo. *Principio del contraddittorio ed efficacia della sentenza verso terzi*. Milano: Giuffrè, 1981; LUISO, Francesco Paolo. *Diritto processuale civile*,

I. Milano: Giuffrè, 2021; MAGGIOLO, Marcello. Obbligazioni solidali, responsabilità dei singoli soci e solidarietà. *Rivista di diritto commerciale*, 1990 I, 37 ss.; MENCHINI, Sergio. I limiti soggettivi di efficacia della sentenza nel pensiero di Proto Pisani. *Rivista di diritto processuale*, 2017, 1125; MENCHINI, Sergio. *Regiudicata civile*. In: *Dig. it. disc. priv.*, sez. civ., XXXVI, Torino: Utet, 1997; MONTELEONE, Girolamo. *I limiti soggettivi del giudicato civile*. Padova: Cedam, 1978; MONTESANO, Luigi. *La tutela giurisdizionale dei diritti*. Torino: Utet, 1994; PROTO PISANI, Andrea. *Opposizione di terzo ordinaria*. Napoli: Jovene, 1965; PROTO PISANI, Andrea. Appunti sui rapporti tra i limiti soggettivi di efficacia della sentenza civile e la garanzia costituzionale del diritto di difesa. *Rivista trimestrale di diritto e procedura civile*, 1971, 1216 ss.; PROTO PISANI, Andrea. Note in tema di limiti soggettivi della sentenza civile. *Foro italiano*, 1985, I, 2385 ss.; PROTO PISANI, Andrea. *I limiti soggettivi di efficacia della sentenza civile. Una parabola di studi*. Milano: Giuffrè, 2015; RICCI, Edoardo Flavio. Enrico Tullio Liebman e la dottrina degli effetti della sentenza. In: *Enrico Tullio Liebman oggi. Riflessioni sul pensiero di un Maestro*. Milano: Giuffrè, 2004, 93 ss.; VOCINO, Corrado. Cosa giudicata e suoi limiti soggettivi. *Rivista trimestrale di diritto e proceduta civile*, 1971, 481 ss.; ZUCCONI GALLI FONSECA, Elena. *Pregiudizialità e rinvio (contributo allo studio dei limiti soggettivi dell'accertamento)*. Bologna: Bononia University Press, 2011.

2
BREVES CONSIDERAÇÕES SOBRE O TEMA DOS LIMITES SUBJETIVOS DA COISA JULGADA NA ITÁLIA[1]

Laura Baccaglini

Professora-Associada na *Università degli Studi di Trento*.

Sumário: 1.1 Perfis introdutórios – 1.2 Posição do problema – 1.3 A solução fundada na chamada eficácia generalizada da coisa julgada – 1.4 A reconstrução preferível do problema que valoriza a norma do art. 2.909 do Código Civil – 1.5 Os limites subjetivos da coisa julgada no pensamento de E.T. Liebman – 1.6 A reconstrução da eficácia subjetiva da coisa julgada segundo a teoria chamada de dependência civilista. Alguns acenos para reflexão – 1.7 Bibliografia essencial.

Arquivo *on-line*

---

1. Texto traduzido por Érico Andrade, Professor de Direito Processual Civil da UFMG.

3
LIMITES SUBJETIVOS DA COISA JULGADA NO DIREITO BRASILEIRO: UMA RÁPIDA COMPARAÇÃO COM O DIREITO ITALIANO

Érico Andrade

Professor Adjunto da Faculdade de Direito da UFMG.

Sumário: 2.1 Introdução – 2.2 Limites subjetivos da coisa julgada: a linha mestra do contraditório – 2.3 Possibilidade de extensão dos limites subjetivos em casos especiais previstos na legislação – 2.4 Limites subjetivos da coisa julgada e desconsideração da personalidade jurídica no direito brasileiro – 2.5 Litisconsórcio e processo coletivo – 2.6 Referências bibliográficas.

2.1 INTRODUÇÃO

A doutrina aponta que três aspectos centrais a serem afrontados no estudo da coisa julgada dizem respeito aos seus limites objetivos, subjetivos e temporais, ou seja, o que determina a sentença, em relação a quem e até quando.[1]

Em tal contexto, segundo abalizada opinião doutrinária, o tema dos limites subjetivos da coisa julgada é fundamental e antecede logicamente os demais temas e discussões que giram em torno da coisa julgada,[2] donde ter sido o tema de abertura dos debates e discussões sobre coisa julgada no ambiente comparado entre Brasil e Itália que deu origem à presente coletânea.[3]

O problema dos limites subjetivos da coisa julgada se coloca praticamente quando se chega à conclusão de que uma sentença anterior *é relevante* para a decisão de uma segunda causa, em que surge um terceiro como parte e que não participou no

---

1. LUISO, Francesco P. *Diritto Processuale Civile*. 11. edizione. Milano: Giuffrè Francis Lefebvre, 2020, v. I, p. 156: "I tre argomenti da affrontare in tema di giudicato riguardano i limiti oggettivi, soggettivi e temporali: in altri termini che cosa statuisce la sentenza, nei confronti di chi, e fino a quando".
2. DE LA OLIVA SANTOS, Andrés *Oggetto del processo civile e cosa giudicata*. Tradução Diego Volpino. Milano: Giuffrè Editore, 2005, p. 209. Por outro lado, MENCHINI, Sergio; MOTTO, Alessandro. Art. 2909 – Cosa giudicata *in* GABRIELLI, Enrico (diretto da). *Commentario del Codice Civile - Della tutela dei diritti (Artt. 2907 – 2969)*. Torino: UTET-WKI, 2015, p. 109, destacam a interrelação entre os limites subjetivos e objetivos no estudo da coisa julgada, ao indicarem que "l'efficacia soggettiva del giudicato dipende, in primo luogo, dalla sua efficacia oggettiva: l'oggetto della precedente statuizione deve assumere rilevanza per l'accertamento del diritto del terzo; in caso contrario, la sentenza, prima ancora che inefficace, è irrilevante per il terzo, il quale è indifferente rispetto alla statuizione altrui".
3. O tema foi objeto das "Jornadas de Estudo Ítalo-brasileiras sobre coisa julgada" organizado conjuntamente pela Universidade Federal de Minas Gerais-UFMG e pela *Università degli Studi di Milano*-UNIMI, no período de março-abril de 2021. Os debates em torno dos limites subjetivos da coisa julgada podem ser acessados no endereço https://www.youtube.com/watch?v=WSVbWZrjzXs (acesso em: 11 ago. 2021).

primeiro processo. Do contrário, se a primeira sentença é irrelevante em relação ao segundo processo, não se coloca o problema dos limites subjetivos, pois a sentença será indiferente para terceiro que se insere como parte no segundo processo, sem ter sido parte no primeiro processo.[4]

Nesse sentido, o problema dos limites subjetivos da coisa julgada consiste propriamente em estabelecer quando a coisa julgada formada no primeiro processo se aplica a um segundo processo com partes diversas. Por isso, excluem-se, de plano, os casos dos terceiros indiferentes, e o estudo deve se concentrar nos casos em que os terceiros podem ser potencialmente atingidos ou prejudicados pela sentença proferida no primeiro processo, vez que titulares de situação jurídica dependente daquela analisada no primeiro processo em que se formou a coisa julgada e em que não figuraram como parte.[5]

2.2 LIMITES SUBJETIVOS DA COISA JULGADA: A LINHA MESTRA DO CONTRADITÓRIO

A regra básica que classicamente vem do aforismo latino *res iudicata inter partes* é no sentido de que a coisa julgada produz efeito somente para os sujeitos que revestiram a qualidade de parte no processo em que proferida a sentença.[6]

Daí, como bem destaca a doutrina italiana, o princípio do contraditório é a primeira e fundamental regra que orienta a solução do problema dos limites subjetivos da coisa julgada, e, em linha de tendência, é possível indicar que qualquer extensão subjetiva da eficácia da sentença passada em julgado esbarra no princípio do contraditório, pois se estaria a aplicar ou estender a coisa julgada para terceiro que não teve oportunidade de se defender.[7]

---

4. LUISO, Francesco P. *Diritto Processuale Civile*. 11. edizione. Milano: Giuffrè Francis Lefebvre, 2020, v. I, p. 174.
5. LUISO, Francesco P. *Diritto Processuale Civile*. 11. edizione. Milano: Giuffrè Francis Lefebvre, 2020, v. I, p. 175-176. Cf., ainda, BACCAGLINI, Laura. Brevi considerazioni in tema di limiti soggettivi del giudicato in Italia, publicado neste livro.
6. DE LA OLIVA SANTOS, Andrés *Oggetto del processo civile e cosa giudicata*. Tradução Diego Volpino. Milano: Giuffrè Editore, 2005, p. 210: "L'aforisma latino *res iudicata inter partes* (lett.: 'la cosa giudicata tra le parti') rappresenta la classica regola aurea a cui occorre in linea di principio attenersi: per regola generale, il giudicato dispiega la propria efficacia soltanto tra coloro che hanno rivestito la qualità di parti nel processo in cui è stata emanata la sentenza". Todavia, NIEVA-FENOLL, Jordi. *Coisa Julgada*. Trad. Antônio do Passo Cabral. São Paulo: Ed. RT, 2016, p. 226, sustenta que tal dogma da *res iudicata inter partes* deve ser posto de lado: "Lamento ser tão direto, mas deve dizer-se, já de início, que o primeiro dado a esquecer é a clássica conclusão de que a coisa julgada somente tem efeito quando as partes de ambos os processos são idênticas, em suas pessoas ou em sua qualidade".
7. LUISO, Francesco P. *Diritto Processuale Civile*. 11. edizione. Milano: Giuffrè Francis Lefebvre, 2020, v. I, p. 176: "Il principio del contraddittorio è quindi la prima e fondamentale regola che governa il problema dei limiti soggettivi di efficacia della sentenza. In *via tendenziale* ogni estensione soggettiva dell'efficacia della sentenza urta contro il principio del contraddittorio. Infatti, vincolare al contenuto di un provvedimento giurisdizionale un soggetto, che non ha avuto modo di difendersi, costituisce la massima violazione del principio del contraddittorio". Cf., a respeito da evolução das discussões doutrinárias na Itália, BACCAGLINI, Laura. Brevi considerazioni in tema di limiti soggettivi del giudicato in Italia, publicado neste livro.

O direito brasileiro, pode-se afirmar, se alinha com tal perspectiva, uma vez que o art. 5º, LIV e LV, da Constituição, assegura que ninguém será privado de seus bens sem o devido processo legal, permeado pela ampla defesa, cenário que se confirma nas normas fundamentais do CPC/15, em que o art. 9º prevê que, como regra, não se proferirá decisão contra uma das partes sem sua prévia oitiva; e vem reforçado no art. 506, quando dispõe que a sentença faz coisa entre as partes e não prejudica terceiros.[8]

Como se pode perceber, tema central em relação aos limites subjetivos da coisa julgada gira em torno da perspectiva de a sentença passada em julgado *prejudicar* terceiros, hipótese em que o terceiro vê seu direito de defesa violado, cenário que não se coloca quando o terceiro é *beneficiado* pela coisa julgada e, por isso, se tem admitido a extensão da coisa julgada para beneficiar terceiro, caso em que não se poderia falar propriamente em violação ao seu direito de defesa.[9]

O direito brasileiro, no âmbito do CPC/15, também se alinhou a tal perspectiva ao promover interessante atualização legislativa em confronto com o CPC/73, que previa em seu art. 472 que a "sentença faz coisa julgada entre as partes as quais é dada, não prejudicando, nem beneficiando terceiros"; e agora se dispõe, no vigente art. 506, que a sentença não pode *prejudicar* terceiros. Por conseguinte, passa a ser agora admissível a possibilidade de extensão da coisa julgada para *beneficiar* terceiros.[10]

2.3 POSSIBILIDADE DE EXTENSÃO DOS LIMITES SUBJETIVOS EM CASOS ESPECIAIS PREVISTOS NA LEGISLAÇÃO

Não obstante a linha fundamental de a coisa julgar não apanhar o terceiro para prejudicá-lo, tendo em vista a barreira do contraditório, é certo que o direito positivo pode – diante do confronto entre o contraditório, de um lado, e da tutela jurídica efetiva, que se viabiliza por meio do direito de ação, de outro, aliada, ainda, à segurança

---

8. CRUZ E TUCCI, José Rogério. *Limites subjetivos da eficácia da sentença e da coisa julgada*. 2. ed. São Paulo: Marcial Pons, 2020, p. 87: "Sintetizando o pensamento que prevalece em nossa literatura mais recente, Dinamarco destaca que a exigência de contraditório encerra uma das razões básicas pelas quais a autoridade da coisa julgada não deve ir além das partes. A garantia constitucional da defesa ficaria tisnada se um sujeito, sem ter usufruído das oportunidades processuais inerentes à condição de parte, ficasse depois impedido de repor em discussão o comando sentencial".
9. Nesse sentido, a doutrina italiana destaca que o problema dos limites da coisa julgada diz respeito ao cenário da sentença prejudicar terceiro, e não se coloca quando o terceiro se beneficia da coisa julgada, hipótese em que não se cogita de violação do direito de defesa, cf., por exemplo, LUISO, Francesco P. *Diritto Processuale Civile*. 11. edizione. Milano: Giuffrè Francis Lefebvre, 2020, v. I, p. 180; e MENCHINI, Sergio; MOTTO, Alessandro. Art. 2909 – Cosa giudicata. In: GABRIELLI, Enrico (diretto da). *Commentario del Codice Civile – Della tutela dei diritti* (Artt. 2907 – 2969). Torino: UTET-WKI, 2015, p. 120-122.
10. MARINONI, Luiz Guilherme. Giudicato sulle questioni nel diritto brasiliano, *Rivista Trimestrale di Diritto e Procedura Civile*, Milano: Giuffrè Editore, v. LXXII, n. 4, 2018, p. 1402-1403.: "In ogni caso, il codice brasiliano del 2015 ha chiarito in maniera esplicita che il giudicato non può pregiudicare i terzi, evidenziando, quindi, che può certamente beneficiarli (art. 506 c.p.c.). Occorre sottolineare che, secondo il nuovo c.p.c., il giudicato ricade su una questione discussa e decisa, necessaria al giudizio di merito (art. 503, c.p.c.), non potendo riguardare il terzo solo quando può pregiudicarlo (art. 506 c.p.c.)". Cf., ainda, THEODORO JÚNIOR, Humberto. *Curso de Direito Processual Civil*. 61. ed. Rio de Janeiro: Gen-Forense, 2020, v. I, p. 1118.

e certeza jurídicas[11] – prever contextos especiais de extensão da coisa julgada para atingir terceiros,[12] fundado em aspectos de direito processual, confronto entre direito de ação e direito de defesa, ou mesmo por razões ligadas ao direito substancial.[13]

Os direitos positivos brasileiro e italiano, por exemplo, preveem, nos seus respectivos códigos de processo (art. 109, § 3º; e art. 111, n. 4), interessante hipótese de natureza processual para extensão da coisa julgada em relação a terceiro, quando este último adquire, por ato entre vivos, a coisa ou direito litigioso no curso do processo, uma vez que neste caso o autor propôs corretamente a ação contra a parte certa, tendo a situação se alterado no curso do processo, com a aquisição do bem ou direito litigioso pelo terceiro. Deve, com isso, prevalecer o direito à tutela jurisdicional conferida ao autor no confronto com o direito de defesa, com a aplicação da coisa julgada em prejuízo do terceiro.[14]

No campo do direito substancial, tema que assume relevância na discussão dos limites subjetivos da coisa julgada é aquele das situações jurídicas "plurissubjetivas", como nas hipóteses de obrigações subjetivamente complexas que surgem, por exemplo, no âmbito das obrigações solidárias ou divisíveis; ou no caso de relações obrigacionais plurilaterais ou bilaterais com partes coletivas; ou ainda, na comunhão

---

11. Cf. BACCAGLINI, Laura. *Brevi considerazioni in tema di limiti soggettivi del giudicato in Italia*, publicado neste livro.
12. Na doutrina espanhola, DE LA OLIVA SANTOS, Andrés. *Oggetto del processo civile e cosa giudicata*. Trad. Diego Volpino. Milano: Giuffrè Editore, 2005, p. 212: "il diritto positivo prevede dei casi eccezionali in cui il giudicato si estende a soggetti diversi da coloro che hanno partecipato al processo in cui è stata emanata la decisione che ha acquisto efficacia di giudicato. Questo carattere di eccezionalità deriva dai rapporti intercorrenti tra determinati soggetti e della specifica natura di quanto ha formato oggetto della sentenza. In certi casi, la legge deve scegliere tra un particolare bisogno di certezza giuridica ed il più scrupoloso rispetto del contraddittorio o del diritto di difesa". No direito italiano, cf., no mesmo sentido LUISO, Francesco P. *Diritto Processuale Civile*. 11. edizione. Milano: Giuffrè Francis Lefebvre, 2020, v. I, p. 176: "L'art. 24 Cost. però non garantisce solo il diritto di difesa ma anche il diritto di azione (che va inteso come il diritto ad una tutela *effettiva*), e questi due principi, che si devono coordinare tra loro, possono trovarsi in contrasto in modo che ambedue non possano trovare compiuta attuazione. È necessario, quindi, trovare un criterio per stabilire, a seconda dei casi, quando si deve estendere l'efficacia della pronuncia al terzo, comprimendo il suo diritto di difesa ma realizzando il diritto di azione della parte vittoriosa nel primo processo; e quando, invece, si deve negare l'efficacia della pronuncia nei confronti del terzo, così tutelando il suo diritto di difesa, ma comprimendo il diritto di azione della parte vittoriosa".
13. LUISO, Francesco P. *Diritto Processuale Civile*. 11. edizione. Milano: Giuffrè Francis Lefebvre, 2020, v. I, p. 181, destaca que razões de ordem de direito processual ou de direito substancial podem justificar a extensão da coisa julgada em prejuízo de terceiros: "Tuttavia, a certe condizioni non è esclusa un'efficacia della sentenza nei confronti del terzo, la cui situazione sai sorta prima della proposizione della domanda, ma non per ragioni di diritto processuale (quindi di armonizzazione tra diritto di azione e diritto di difesa), sibbene *per motivi di diritto sostanziale*, per il tipo speciale di struttura sostanziale che lega la situazione intercorrente fra le parti (e che diviene oggetto del primo processo), e la situazione del terzo".
14. Cf. LUISO, Francesco P. *Diritto Processuale Civile*. 11. edizione. Milano: Giuffrè Francis Lefebvre, 2020, v. I, p. 176-177: "Nella prima ipotesi, il diritto o l'obbligo del terzo sorgono *dopo* l'inizio del processo, al quale egli non è stato chiamato a partecipare, e che si conclude con la sentenza, della cui efficacia si discute nel secondo processo (che ha ad oggetto il diritto o l'obbligo del terzo). (…) In questa ipotesi, tutelare il diritto di difesa del terzo escludendo l'efficacia della sentenza nel secondo processo significherebbe negare il diritto di azione della parte vittoriosa in maniera irrazionale, perché, quando il processo è iniziato, l'attore lo ha correttamente instaurato. Un fatto nuovo (la nascita della situazione del terzo), che è subentrato in seguito, non deve pregiudicare il diritto di azione della parte (che risulterà vittoriosa)".

de direito reais; ou mesmo no caso de deliberações no âmbito de grupos organizados, como ocorre nas associações, nos condomínios e nas sociedades.[15]

Nesses casos, como destaca a doutrina, via de regra, os titulares dos direitos subjetivos podem demandar em juízo de forma independentemente uns dos outros, de modo que a sentença favorável pode beneficiar os outros titulares; mas aquela desfavorável ao autor, não estenderia seus efeitos para os outros titulares, pois também aqui incidiria a regra que que a coisa julgada não pode prejudicar terceiros.[16] Já em relação ao polo passivo, tendencialmente pode haver formação de litisconsórcio passivo, inclusive como litisconsórcio necessário em alguns casos, em que todos devem ser demandados.[17] Todavia, o legislador pode realizar opção no sentido de não obrigar ou exigir a formação do litisconsórcio, como ocorre, por exemplo, no caso das obrigações solidárias, em que cada um dos obrigados pode responder pela dívida toda e, uma vez condenado, surge a questão da extensão da coisa julgada para os demais coobrigados, questão que, como regra, tenderia a ser respondida no sentido de que a sentença não pode prejudicar os terceiros, ou seja, os demais obrigados que não foram parte no processo.[18]

---

15. MENCHINI, Sergio; MOTTO, Alessandro. Art. 2909 – Cosa giudicata. In: GABRIELLI, Enrico (diretto da). *Commentario del Codice Civile* – Della tutela dei diritti (Artt. 2907 – 2969). Torino: UTET-WKI, 2015, p. 119/120: " Il secondo settore in cui può assumere rilevanza il fenomeno dell'estensione degli effetti diretti del giudicato è quello delle situazioni giuridiche plurisoggettive: obbligazioni soggettivamente complesse (solidali, divisibili ad attuazione parziaria, ad attuazione congiunta); rapporti obbligatori plurilaterali o bilaterali con parti collettive; comunioni di diritti reali; deliberazioni nell'ambito di gruppi organizzati (nelle associazioni, nel condominio, nelle società)".

16. MENCHINI, Sergio; MOTTO, Alessandro. Art. 2909 – Cosa giudicata. In: GABRIELLI, Enrico (diretto da). *Commentario del Codice Civile* – Della tutela dei diritti (Artt. 2907 – 2969). Torino: UTET-WKI, 2015, p. 123-124: " Nei processi attivi delle comunioni, ciascun contitolare della situazione giuridica plurisoggettiva (di natura obbligatoria o reale) può agire in giudizio disgiuntamente dagli altri contro il comune obbligato e gli altri collegittimati non sono parti necessarie del processo (ad esempio, ciascun comproprietario può agire a tutela del diritto comune contro il trasgressore, e in particolare con le azioni di rivendica e di rimessione in pristino, senza che si renda necessaria l'integrazione del contraddittorio nei confronti degli altri comproprietari). La sentenza di accoglimento va a vantaggio anche del contitolare rimasto estraneo, il quale può avvalersene; per contro, egli non è pregiudicato dalla pronuncia di rigetto – che ha effetti solo inter partes –, di guisa che potrà riproporre l'azione a tutela della situazione comune".

17. MENCHINI, Sergio; MOTTO, Alessandro. Art. 2909 – Cosa giudicata *in* GABRIELLI, Enrico (diretto da). *Commentario del Codice Civile* – Della tutela dei diritti (Artt. 2907 – 2969). Torino: UTET-WKI, 2015, p. 124-125.

18. MENCHINI, Sergio; MOTTO, Alessandro. Art. 2909 – Cosa giudicata. In: GABRIELLI, Enrico (diretto da). *Commentario del Codice Civile* – Della tutela dei diritti (Artt. 2907 – 2969). Torino: UTET-WKI, 2015, p. 121: "per l'art. 1306, 1° co., c.c., la domanda di adempimento di un'obbligazione solidale può essere proposta da uno solo dei concreditori o nei confronti di uno solo dei condebitori e la sentenza non ha effetti nei confronti dei contitolari rimasti estranei; tuttavia, ai sensi del 2° comma, se la pronuncia è di contenuto favorevole, gli altri condebitori possono avvalersene (a meno che essa non sia fondata su ragioni personali al condebitore) e lo stesso possono fare, nei casi di solidarietà attiva, gli altri creditori (salva la possibilità per il comune debitore di rilevare le eccezioni personali)". No mesmo sentido, a doutrina espanhola, cf., DE LA OLIVA SANTOS, Andrés *Oggetto del processo civile e cosa giudicata*. Trad. Diego Volpino. Milano: Giuffrè Editore, 2005, p. 228: "A nostro avviso, se si ambisce ad una sentenza di condanna che possa essere utilizzata come titolo esecutivo (per l'intero ammontare del debito) contro ognuno dei debitori solidali, li si dovrà convenire tutti in giudizio. Con ciò non si distrugge l'essenza dell'obbligazione solidale, dato che il creditore è del tutto libero di agire in via stragiudiziale e giudiziale, per l'intero importo di debito, nei confronti di uno solo dei debitori solidali. Il fatto è che, siccome il creditore non è viceversa padrone di prendersi gioco

Aliás, o CPC/15 confirma e reforça especificamente tal perspectiva quando – além da já citada previsão geral de a coisa julgada não prejudicar terceiros contida no art. 506 – dispõe no art. 513, § 5º, que o "cumprimento da sentença não poderá ser promovido em face do fiador, do coobrigado ou do corresponsável que não tiver participado da fase de conhecimento". Noutras palavras, não se pode pretender estender a coisa julgada para terceiros em relação ao resultado da fase de conhecimento, quais sejam, os demais coobrigados.

Essa mesma orientação geral, de impossibilidade de a coisa julgada prejudicar terceiros foi recentemente reafirmada no direito brasileiro em decisão do Superior Tribunal de Justiça, na qual se destacou que a "coisa julgada *inter partes* é a regra em nosso sistema processual, inspirado nas garantias constitucionais da inafastabilidade da jurisdição, do devido processo legal, do contraditório e da ampla defesa", ou seja, no "sistema processual brasileiro, ninguém poderá ser atingido pelos efeitos de uma decisão jurisdicional transitada em julgado, sem que se lhe tenha sido garantida efetiva participação, mediante o devido processo legal, assegurado o contraditório e a ampla defesa", e por isso se conclui que nos "termos da jurisprudência do Superior Tribunal de Justiça, a sentença não poderá prejudicar terceiro, em razão dos limites subjetivos da eficácia da coisa julgada".[19]

Por essa razão, entende-se que a coisa julgada formada no processo que envolve o credor e um dos devedores solidários não pode, via de regra, prejudicar os demais devedores solidários que não foram parte no processo, porque não há na legislação processual ou civil previsão expressa de tal extensão subjetiva.[20] Da mesma forma, o devedor solidário que pagou a integralidade do débito no âmbito da condenação judicial, quando exercer o direito de regresso contra os demais devedores solidários, não pode pretender vinculá-los à coisa julgada formado no processo em que foi condenado a pagar toda a dívida, e, por isso, os demais devedores solidários podem se defender de forma ampla, por não se vincularem à coisa julgada formada no processo anterior em que não figuraram como parte.[21]

---

dell'effettività del principio giuridico-naturale del contraddittorio, se egli liberamente sceglie di convenire in giudizio un solo debitore solidale, l'eventuale sentenza di condanna potrà essere utilizzata come titolo esecutivo solamente nei confronti di quest'ultimo e non di quanti non hanno partecipato al processo".

19. STJ, REsp 1766261/RS, Rel. Min. Paulo de Tarso Sanseverino, 3ª Tuma, julg. 18.05.2021, DJe 24.05.2021 in https://scon.stj.jus.br/SCON/GetInteiroTeorDoAcordao?num_registro=201802354824&dt_publicacao=24/05/2021 (acesso em: 17 ago. 2021).

20. Cf. TALAMINI, Eduardo. *Coisa julgada e sua revisão*. São Paulo: Ed. RT, 2005, p. 106-108; e CRUZ E TUCCI, José Rogério. *Limites subjetivos da eficácia da sentença e da coisa julgada*. 2. ed. São Paulo: Marcial Pons, 2020, p. 203-204.

21. Nesse sentido, CRUZ E TUCCI, José Rogério. *Limites subjetivos da eficácia da sentença e da coisa julgada*. 2. ed. São Paulo: Marcial Pons, 2020, p. 205: "De aduzir-se, por outro lado, que o devedor condenado, depois de satisfeita a obrigação, sub-rogando-se no crédito reconhecido pelo título executivo, poderá demandar os codevedores, que terão a faculdade de se defender deduzindo exceções pessoais e ainda argumentos que poderiam ter ensejado a improcedência do pedido do autor". Cf., ainda, TALAMINI, Eduardo. *Coisa Julgada e sua Revisão*. São Paulo: Ed. RT, 2005, p. 108-109.

Deve-se, pois, reforçar a regra *res iudicata inter partes* que, como muito bem destaca a doutrina, excluí a possibilidade, em linha de tendência, de a coisa julgada prejudicar sujeito diverso das partes no processo, de modo que não se pode pretender inserir tais terceiros, por exemplo, no âmbito da execução da sentença, salvo previsão legal expressa.[22]

2.4 LIMITES SUBJETIVOS DA COISA JULGADA E DESCONSIDERAÇÃO DA PERSONALIDADE JURÍDICA NO DIREITO BRASILEIRO

Outra questão interessante que pode surgir no direito brasileiro, advém, por exemplo, da aplicação do novo incidente de desconsideração da personalidade jurídica, regulado no CPC/15 nos arts. 133/137, especialmente no caso de o incidente ser instaurado na fase de cumprimento de sentença (art. 134), em que foi condenada a sociedade, devedora originária, por sentença passado em julgado e, diante da falta de patrimônio da sociedade para responder pelo débito, se pretende atingir, na fase de execução, o sócio.

Neste caso, poderia o sócio, que até então *não* fazia parte do processo, defender-se no incidente de desconsideração de forma ampla, *mesmo na fase de execução de sentença*, podendo questionar *quaisquer aspectos* do débito ou da condenação efetivada na sentença passada em julgado; ou, diversamente, a sua defesa deveria ficar *adstrita* às matérias impugnáveis na fase de *execução* ou a alegação do não cabimento da desconsideração da personalidade jurídica?

A resposta parece se encaminhar no sentido positivo (possibilitando a discussão ampla do débito mesmo acobertado por coisa julgada formada no processo proposto pelo credor apenas contra a sociedade), considerando o contraditório efetivo implementado como norma fundamental do CPC/15, especialmente nos art. 9º e 10, complementados pelos arts. 506 e art. 513, § 5º. O que significa dizer que o sócio poderia se defender *amplamente* não só quanto ao não preenchimento dos pressupostos para estender-lhe a responsabilidade patrimonial por dívida alheia (ou seja, quanto à ausência dos pressupostos da desconsideração da personalidade jurídica),

---

22. DE LA OLIVA SANTOS, Andrés *Oggetto del processo civile e cosa giudicata*. Trad. Diego Volpino. Milano: Giuffrè Editore, 2005, p. 233: "A nostro avviso, la regola res iudicata inter partes esclude che si possa prospettare l'ipotesi di una sentenza capace di pregiudicare – in modo diretto, e non come fatto o mediante i suoi effetti riflessi – soggetti diversi dalle parti. Da un lato, infatti, posto dinnanzi alla sentenza, nessuno, che non abbia rivestito la qualità di parte, è tenuto a pensare di adempierla spontaneamente e, dall'altro lato, l'esecuzione forzata non può essere intrapresa contro chi non abbia potuto partecipare al processo che ha condotto alla pronuncia della sentenza, fatti salvi i casi espressamente previsti dalla legge". Todavia, parte da mesma doutrina espanhola, v.g., NIEVA-FENOLL, Jordi. *Coisa Julgada*. Trad. Antônio do Passo Cabral. São Paulo: Ed. RT, 2016, p. 232-34, não obstante reconhecer o problema da extensão da coisa julgada para prejudicar terceiros, vai em sentido oposto, de buscar maior efetividade para a coisa julgada: "Tudo isso traz como consequência que a coisa julgada, que nasceu com uma vocação de permanência e estabilidade dos juízos, converta-se em uma instituição de circunstâncias eventuais, que somente se aplica, como se disse acertadamente, *secundum eventum litis*, o que seria totalmente inaceitável. Há que compatibilizar as exigências da coisa julgada com o fundamental direito de defesa do litigante que não participou. Mas não a ponto de sacrificar as garantias que oferece a coisa julgada".

mas também em relação a quaisquer aspectos ligados ao próprio débito,[23] *inclusive no âmbito de cumprimento de sentença*, já que não figurou como parte no processo em que proferida a condenação e, por isso, a sentença proferida contra a pessoa jurídica não faz coisa julgada em relação ao sócio e, por consequência, não poderia prejudicá-lo (art. 506, CPC/15).[24]

Essa parece a melhor solução, pois, salvo disposição expressa de alguma norma substancial ou processual, atingir o sócio com a coisa julgada formada entre o credor e a devedora pessoa jurídica, para estender a esse mesmo sócio a condenação passada em julgado, sem lhe possibilitar a discussão da própria dívida, quando demandada sua responsabilização na fase de execução, por meio do incidente de desconsideração da personalidade jurídica, se tem, de fato, a perspectiva da violação do princípio do contraditório, pois o sócio, por escolha do credor – que poderia, por exemplo, ter feito a opção pela inserção do sócio desde logo na petição inicial (art. 134, § 2º, CPC/15) – só veio a ser demandado no momento da execução, após o trânsito em julgado da condenação da sociedade, razão pela qual não poderia ser assujeitado à coisa julgada anterior[25].

---

23. YARSHELL, Flávio Luiz. Comentário aos arts. 133 a 137. In: CABRAL, Antonio do Passo; CRAMER, Ronaldo (Coord.). *Comentários ao Novo Código de Processo Civil*. 2. ed. Rio de Janeiro: Forense 2016. p. 239: "Se o autor vislumbra fundamentos para a desconsideração, pode desde logo requerer a medida na petição inicial. Se o fizer, os potenciais responsáveis – não exatamente devedores – terão a oportunidade de atacar a existência e a exigibilidade da *dívida*. Se, contudo, o autor da demanda só vier a cogitar da responsabilidade mais adiante, então parece não só jurídico, mas justo, que se disponha a rediscutir o débito perante o terceiro que ele alega ser responsável patrimonial. Pensar diversamente seria, inclusive, abrir ensejo a eventual má-fé do autor que, embora podendo trazer o terceiro para o processo, aguardaria a consolidação da decisão sobre o débito para, só então, cogitar da desconsideração". Cf., ainda, ANDRADE, Érico; PARENTONI, Leonardo Netto. Il superamento della personalità giuridica nel diritto brasiliano. Aspetti sostanziali e processuali. *Il diritto degli affari*, v. X, n. 3, 628-649, especialmente p. 642-643.
24. Especificamente em relação ao incidente de desconsideração da personalidade jurídica, cfr. YARSHELL, Flávio Luiz. Comentário aos arts. 133 a 137. In: CABRAL, Antonio do Passo; CRAMER, Ronaldo (Coord.). *Comentários ao Novo Código de Processo Civil*. 2. ed. Rio de Janeiro: Editora Forense 2016. p. 238, ao destacar que "o terceiro, sem ter participado da discussão que levou à formação do título executivo, não está vinculado pela imutabilidade própria da coisa julgada, dados os respectivos limites subjetivos (CF, art. 5º, LV e CPC, art. 506)". Igualmente: BIANQUI, Pedro Henrique Torres. *Desconsideração da Personalidade Jurídica no Processo Civil*. São Paulo: Saraiva, 2011. p. 183. "Fere o *landmark* da garantia constitucional do contraditório e ampla defesa limitar o conteúdo da defesa de alguém que nunca participou do processo antes e não teve sequer chance de impor seus argumentos à cognição do Poder Judiciário. Mesmo porque a pessoa jurídica pode ter sido mal assessorada no processo de conhecimento e alguns elementos essenciais podem não ter sido discutidos. Portanto, o sócio pode plenamente (a) negar a qualidade de responsável, (b) discutir a admissibilidade da desconsideração e (c) atacar a própria existência da relação jurídica principal."
25. Na doutrina italiana, a respeito da extensão da coisa julgada formada entre credor e sociedade, para prejudicar o sócio, cf. MENCHINI, Sergio; MOTTO, Alessandro. Art. 2909 – Cosa giudicata. In: GABRIELLI, Enrico (diretto da). *Commentario del Codice Civile* – Della tutela dei diritti (Artt 2907 – 2969). Torino: UTET-WKI, 2015, p. 142: "Vero è che, per regola sostanziale, i soci rispondono personalmente e solidalmente (salvo il beneficio di preventiva escussione del patrimonio sociale) di tutte le obbligazioni assunte dalla società, ancorché con causa anteriore all'acquisizione della qualità di socio (artt. 2267-2269, 2290, 2304 e 2318 c.c.). Tuttavia, tenuto conto che non è sufficiente il nesso imposto dalla normativa materiale, per operare l'estensione degli effetti della sentenza *inter alios*; rilevato che nessuna norma prevede espressamente la soggezione del socio che non ha preso parte al processo al giudicato altrui; considerato che il socio, il quale, per scelta del creditore, non è stato evocato in giudizio, subisce un pregiudizio giuridico dei propri interessi e diritti, da una sentenza emessa all'esito di un processo, a cui non

2.5 LITISCONSÓRCIO E PROCESSO COLETIVO

Outros dois temas que se inserem na temática dos limites subjetivos da coisa julgada, mas que os estreitos limites deste trabalho impedem de adentrar, em razão das peculiaridades de cada qual, dizem respeito ao cenário do processo coletivo e do litisconsórcio.

Com efeito, nos processos coletivos mostra-se de grande relevância o debate e análise dos limites subjetivos da coisa julgada, pois a atuação de órgãos e entidades fundados na sistemática da substituição processual (art. 18, CPC/15) impacta nas discussões dos limites subjetivos da coisa julgada, surgindo a diferenciação de regime aplicável dependendo do tipo de direito objeto do processo coletivo e da distinção da extensão em relação aos demais colegitimados e aos substituídos processualmente (art. 103, Lei 8.078/90).[26]

Da mesma forma, também a temática do litisconsórcio guarda relação com os limites subjetivos da coisa julgada, em que o CPC/15, por exemplo, apresenta, no art. 115, regramento diferenciado, no sentido de nulidade da sentença proferida sem a integração ao contraditório de todos os legitimados no caso de necessidade de decisão uniforme para todos; ou de ineficácia da sentença para os que não integraram o processo nos casos em que não há exigência de decisão uniforme para todos.[27]

2.6 REFERÊNCIAS BIBLIOGRÁFICAS

ANDRADE, Érico; PARENTONI, Leonardo Netto. Il superamento della personalità giuridica nel diritto brasiliano. Aspetti sostanziali e processuali. *Il diritto degli affari*, v. X, n. 3, 628-649.

BIANQUI, Pedro Henrique Torres. *Desconsideração da Personalidade Jurídica no Processo Civil*. São Paulo: Saraiva, 2011.

CABRAL, Antonio do Passo; CRAMER, Ronaldo (Coord.). *Comentários ao Novo Código de Processo Civil*. 2. ed. Rio de Janeiro: Editora Forense 2016.

CRUZ E TUCCI, José Rogério. *Limites subjetivos da eficácia da sentença e da coisa julgada*. 2. ed. São Paulo: Marcial Pons, 2020.

DE LA OLIVA SANTOS, Andrés. *Oggetto del processo civile e cosa giudicata*. Trad. Diego Volpino. Milano: Giuffrè Editore, 2005;

GABRIELLI, Enrico (diretto da). *Commentario del Codice Civile* – Della tutela dei diritti (Artt. 2907 – 2969). Torino: UTET-WKI, 2015.

LUISO, Francesco P. *Diritto Processuale Civile*. 11. edizione. Milano: Giuffrè Francis Lefebvre, 2020, v. I.

MARINONI, Luiz Guilherme. Giudicato sulle questioni nel diritto brasiliano. *Rivista Trimestrale di Diritto e Procedura Civile*, v. LXXII, n. 4, p. 1401-1415. Milano: Giuffrè Editore, 2018.

è stato chiamato a partecipare; appare incompatibile con i principi costituzionali più volte ricordati, assoggettarlo al giudicato formatosi nei soli confronti della società".

26. Como referência, remete-se, ao tratamento da coisa julgada no processo coletivo, à obra de CRUZ E TUCCI, José Rogério. *Limites subjetivos da eficácia da sentença e da coisa julgada*. 2. ed. São Paulo: Marcial Pons, 2020, p. 221 e ss.

27. Cf., também no tema do litisconsórcio, CRUZ E TUCCI, José Rogério. *Limites subjetivos da eficácia da sentença e da coisa julgada*. 2. ed. São Paulo: Marcial Pons, 2020, p. 174 e ss.

NIEVA-FENOLL, Jordi. *Coisa Julgada*. Trad. Antônio do Passo Cabral. São Paulo: Ed. RT, 2016.

TALAMINI, Eduardo. *Coisa Julgada e sua Revisão*. São Paulo: Ed. RT, 2005.

THEODORO JÚNIOR, Humberto. *Curso de Direito Processual Civil*. 61. ed. Rio de Janeiro: Gen-Forense, 2020. v. I.

Parte II
MODIFICAÇÃO DA DEMANDA E COISA JULGADA

1
BREVI NOTE SULLA *MUTATIO ED EMENDATIO LIBELLI* E LE DOMANDE COMPLANARI

Michelle Vanzetti
Ricercatore nell'Università degli Studi di Milano.

Sumário: 1.1 L'identificazione della domanda giudiziale: scopo – 1.2 Criteri di individuazione della domanda: breve ricostruzione del problema – 1.3 (*Segue*) Teoria dell'individuazione. Diritti auto ed etero determinati – 1.4 Il formarsi delle preclusioni relative al *thema decidendum* – 1.5 *Mutatio ed emendatio libelli*. Le domande complanari – 1.6 Bibliografia essenziale.

1.1 L'IDENTIFICAZIONE DELLA DOMANDA GIUDIZIALE: SCOPO

Nell'ambito di questo convegno sulla cosa giudicata, sono stata invitata a parlare della modificazione della domanda giudiziale: il che significa, in particolare, a definire quali siano, secondo l'ordinamento italiano, i limiti di ammissibilità di eventuali variazioni oggettive della domanda giudiziale intervenute in corso di causa.

Tuttavia, per parlare di modificazione della domanda giudiziale occorre preliminarmente individuare la domanda di cui si tratta, perché solo una volta che questa sia stata individuata si può riconoscere una sua eventuale modifica e dunque ci si può porre il problema della sua ammissibilità. È noto peraltro che la corretta individuazione della domanda consente di identificare l'oggetto del processo e quindi, in ultima analisi, l'oggetto del giudicato, la cui latitudine - come vincolo nei successivi processi - è regolata dai principi relativi ai limiti soggettivi e oggettivi del giudicato, dei quali hanno parlato nei precedenti interventi la professoressa Baccaglini e il professor Zulberti.

Fatte queste premesse, il primo quesito da porsi è quale sia l'utilità dell'individuazione dell'oggetto della domanda. Ebbene, la precisa individuazione dell'oggetto della domanda giudiziale ha una serie di scopi essenziali nell'ambito della disciplina del processo: anzitutto essa consente la realizzazione del principio del contraddittorio e del diritto di difesa, perché solo il convenuto che conosca con precisione la domanda giudiziale, che è stata proposta nei suoi confronti, potrà effettivamente difendersi; inoltre, l'identificazione della domanda è essenziale per l'applicazione dell'istituto della litispendenza e, come abbiamo accennato, per la determinazione del vincolo del giudicato, sia in relazione a eventuali liti successive identiche, sia su possibili liti dipendenti. L'identificazione della domanda giudiziale consente altresì di determinare anche il perimetro delle preclusioni che si formano in riferimento, appunto, a nuove domande, che - come sappiamo - sono di regola (a partire da un certo momento) precluse in primo grado e generalmente inammissibili in appello (salvo precise eccezioni). Serve inoltre per capire se vi sia un cumulo di domande o se ci si trovi di fronte ad un'unica domanda giudiziale, e, nel primo caso, di che genere di cumulo si tratti ed eventualmente se questo cumulo possa essere separato, oppure se debba essere preservato, in ossequio allo stretto legame che intercorre fra le differenti domande cumulate.

1.2 CRITERI DI INDIVIDUAZIONE DELLA DOMANDA: BREVE RICOSTRUZIONE DEL PROBLEMA

Qual è il metodo con il quale si individua la domanda giudiziale cioè le modalità con le quali si delineano i suoi contorni oggettivi? A questo riguardo si suole parlare di identificazione delle azioni e in particolare di criteri di identificazione delle domande, che sono, come noto: *personae*, *petitum* e *causa petendi*.

Se questi tre elementi sono uguali significa che si tratta della stessa domanda. Se invece anche solo uno di questi elementi è differente, allora si tratta di domande distinte.

Quanto alle *personae* e al *petitum* non vale la pena di soffermarsi. Ci limitiamo semplicemente a ricordare che, in relazione alle *personae*, per una loro corretta identificazione essenziale è verificare se, chi agisce, agisca per sé oppure in qualità di rappresentante oppure di sostituto. Rispetto al *petitum*, ricordiamo semplicemente che esso normalmente si distingue in *p.* «immediato» e *p.* «mediato»: il primo viene ricondotto al (tipo di) provvedimento richiesto al giudice, che –nell'ordinario processo di cognizione – può essere di mero accertamento, di condanna oppure costitutivo; mentre il secondo consiste nel concreto «bene della vita», rispetto al quale si chiede tutela.

Di questi tre, il criterio che notoriamente ha generato maggiori problemi interpretativi è quello della *causa petendi*, che – in via di primissima approssimazione e consapevoli del fatto che si tratta di una definizione del tutto inidonea a spiegarne il contenuto e le innumerevoli sfaccettature – possiamo chiamare «titolo della domanda».

Alla radice del problema relativo alla definizione della *causa petendi* sta l'ampio dibattito che si è sviluppato nella dottrina tedesca ed ivi sfociato nella ben nota dottrina dello *Streitgegenstand*, che ha visto la sua evoluzione attraverso l'opera di autorevoli studiosi quali Schmidt, Lent, Nikisch, Schwab, Jauering, per citarne solo alcuni.

Sappiamo che in un primo momento la bipartizione era tra la *Substantierungstheorie* e la *Individualizierungstheorie*, che anche noi italiani abbiamo recepito, traducendole con termini assai simili: la teoria cosiddetta della sostanziazione e quella dell'individuazione.

Sono note le caratteristiche di queste due teorie. In estrema sintesi e tralasciando pertanto i particolari, sulla base della teoria della sostanziazione, la *causa petendi* sarebbe rappresentata dai fatti costitutivi del diritto per il quale si chiede tutela in giudizio, i quali, di per sé soli, consentono di identificare la domanda proposta. Viceversa, secondo la teoria dell'individuazione, la *causa petendi* è rappresentata dal rapporto giuridico affermato dall'attore, cioè dal diritto, dal rapporto giuridico dedotto in giudizio. Non è evidentemente possibile soffermarsi a indagare più in profondità queste due teorie, le cui declinazioni ovviamente sono state svariate e la letteratura in argomento particolarmente feconda. Ci limitiamo a dire qui che la teoria della sostanziazione è stata da tempo abbandonata, avendo infine prevalso quella dell'individuazione, sebbene essa sia stata ripensata in molteplici maniere dalla migliore dottrina.

Nella sostanza, occorre chiedersi quali siano le differenze e le pratiche conseguenze derivanti dall'adesione all'una piuttosto che all'altra teoria. Ebbene basti un esempio per chiarire brevemente e in maniera molto semplice la portata di questa scelta: si pensi a un incidente stradale in cui sia coinvolto un mezzo per il trasporto di persone, e si supponga che, a causa dell'incidente, una persona trasportata, con regolare titolo di viaggio, abbia subìto un danno. Questo soggetto, almeno in astratto, potrebbe ottenere un risarcimento sia sulla base della disciplina che regola la responsabilità aquiliana sia sulla base di quella che regola la responsabilità contrattuale. Tuttavia, se si aderisce alla teoria della sostanziazione, ci si trova sempre di fronte alla stessa domanda giudiziale, dato che il fatto costitutivo (lo specifico incidente stradale) è sempre lo stesso e quindi il diritto è uno solo. Se si aderisce, invece, alla teoria della individuazione, siccome i diritti sono due, quello derivante da responsabilità extracontrattuale e quello derivante da responsabilità contrattuale, anche le domande sono due. Vero è che si tratta di diritti concorrenti e che il soddisfacimento di uno preclude definitivamente la possibilità di soddisfare anche l'altro (ci troviamo qui di fronte al complesso tema del concorso di diritti, al quale non possiamo dedicare più che è una semplice menzione in questo momento); ma vero è altresì che, se si guarda al processo, le *causae petendi*, in tal modo intese, sono diverse e quindi consentono di identificare, appunto, diritti differenti.

1.3 (*SEGUE*) TEORIA DELL'INDIVIDUAZIONE. DIRITTI AUTO ED ETERO DETERMINATI

Ho ricordato che la teoria della sostanziazione è stata da tempo abbandonata, mentre è prevalsa – pur nelle sue svariate declinazioni – quella della individuazione, cioè la teoria in virtù della quale la *causa petendi* è rappresentata dal diritto dedotto in giudizio. Il problema, ai fini della identificazione della domanda giudiziale, diventa allora quello di *individuare il diritto* dedotto in giudizio; individuare – come è stato autorevolmente sottolineato – nel senso di «individualizzare» il diritto, vale a dire distinguerlo da qualunque altro.

Orbene, per identificare il diritto dedotto in giudizio (e quindi per identificare la *causa petendi*) talvolta è necessaria anche l'indicazione dei fatti costitutivi del diritto medesimo, altre volte invece no. Il che non deve indurre a sovrapporre la teoria della individuazione con quella della sostanziazione. Tralasciando i dettagli e le diverse tesi che si sono sviluppate nell'ambito della teoria dell'individuazione, ben descritte da noi in particolare nei celebri lavori di Heinitz, Allorio, Liebman, Attardi, Cerino Canova, Menchini e Consolo, sulla domanda giudiziale e sul giudicato, possiamo qui limitarci a ricordare in sintesi che anche in Italia è stata adottata la distinzione tra diritti «autodeterminati» e diritti «eterodeterminati», mutuata dalla dottrina tedesca (Jauering).

I diritti «autodeterminati» si individuano attraverso l'indicazione solo del tipo di diritto e dell'oggetto; essi possono intercorrere tra le parti una volta sola in un dato momento. Non è necessario indicare la fattispecie acquisitiva del diritto, la quale però rileverà ai fini della prova dell'esistenza del diritto stesso e quindi dell'accoglimento della domanda. In questa categoria rientrano i diritti reali di godimento, gli *status* e i diritti di credito a prestazioni specifiche. La domanda giudiziale che deduce un diritto autodeterminato contempla potenzialmente tutti i suoi titoli d'acquisto, con le ovvie conseguenze in tema di giudicato, litispendenza e così via.

I diritti «eterodeterminati», invece, si individuano (cioè si distinguono gli uni dagli altri) attraverso l'indicazione dell'oggetto, del tipo di diritto (vale a dire della prestazione) e anche dei fatti costitutivi. L'indicazione di questi ultimi è necessaria, perché si tratta di diritti che, in quanto tali, possono coesistere simultaneamente tra le stesse parti: si pensi al diritto di credito a una somma determinata, che può derivare sia dalla conclusione di un contratto di locazione (e allora la somma sarà dovuta quale canone), sia da un contratto di compravendita (in tal caso si tratterà del prezzo). In questa categoria rientrano i diritti reali di garanzia e i diritti di credito a una prestazione generica.

Per ciò che concerne, infine, i cosiddetti diritti alla modificazione giuridica (cc. dd. diritti potestativi) e dunque le domande costitutive che li riguardano, è discusso se, per la loro individuazione, sia sufficiente l'indicazione del tipo di modificazione richiesta (cioè del *petitum*) oppure se occorra l'indicazione dei singoli fatti che consentono di chiedere la modificazione, cioè ci si domanda se si tratti di domande auto oppure etero determinate. Il tipico esempio è quello della azione di annullamento del contratto.

1.4 IL FORMARSI DELLE PRECLUSIONI RELATIVE AL *THEMA DECIDENDUM*

Fatta questa necessaria premessa, siamo ora in grado di definire l'oggetto della domanda giudiziale e dunque, ai sensi dell'articolo 99 e dell'articolo 112 del codice di procedura civile italiano (e, a monte, degli artt. 24 Cost. e 2907 c.c.), l'oggetto del processo e del giudicato: possiamo, infatti, adesso distinguere il diritto dedotto in giudizio da qualunque altro diritto e siamo in grado di verificare se, in corso di causa, intervengano dei mutamenti della *causa petendi* o del *petitum*.

Passiamo allora a esaminare la domanda giudiziale nel suo momento dinamico.

Il nostro processo ordinario di cognizione prevede una lenta ma inesorabile formazione di preclusioni, sia con riguardo al *thema decidendum*, sia con riguardo al *thema probandum*: qui evidentemente prendiamo in esame solo quelle relative al primo.

Con la domanda introduttiva, cioè l'atto di citazione (o il ricorso), l'attore deve individuare con precisione la situazione giuridica dedotta in giudizio: se non lo fa, l'atto di citazione è nullo. Egli, quindi, con questo atto determina l'iniziale oggetto della cognizione e quello del giudizio, i quali potranno bensì subire delle modificazioni nel corso del processo, ma solo fino a un momento ben preciso, trascorso il quale esse saranno inammissibili e tale inammissibilità potrà essere dedotta quale motivo di ricorso per cassazione ai sensi dell'art. 360, comma 1, n. 4, c.p.c..

Con la comparsa di costituzione e risposta tempestivamente depositata (vale a dire, depositata entro 20 giorni prima rispetto alla data stabilita nell'atto di citazione per la prima udienza: art. 166 c.p.c.), il convenuto, a pena di decadenza, può ampliare sia l'oggetto della cognizione, attraverso la deduzione di eccezioni di merito, sia l'oggetto del giudizio, attraverso la proposizione di una domanda riconvenzionale o con la chiamata in causa di un terzo.

Dopo questi due atti introduttivi, si arriva alla prima udienza, che rappresenta il primo momento nel quale le parti (di norma, tramite i loro difensori) e il giudice si incontrano. È la cosiddetta prima udienza di comparizione e trattazione ed è ampiamente disciplinata dall'art. 183 c.p.c.. Tra le molteplici attività e incombenze che si svolgono (o dovrebbero svolgersi) durante questa prima udienza, quella che qui interessa è prevista dal comma 5, il quale consente all'attore, nel corso di questa, di introdurre nuove domande e nuove eccezioni, purché siano in sostanza una reazione alle domande ed eccezioni che il convenuto ha svolto nella sua comparsa di risposta (l'art. 183, comma 5, c.p.c., rubricato *Prima comparizione delle parti e trattazione della causa*, prevede che, nella prima udienza "l'attore può proporre le domande e le eccezioni che sono conseguenza della domanda riconvenzionale o delle eccezioni proposte dal convenuto. Può altresì chiedere di essere autorizzato a chiamare un terzo ai sensi degli articoli 106 e 269, terzo comma, se l'esigenza è sorta dalle difese del convenuto. Le parti possono precisare e modificare le domande, le eccezioni e le conclusioni già formulate").

Dal preciso disposto della norma appena citata, si inferisce che non sono di regola ammissibili nuove domande e nuove eccezioni, diverse da quelle quivi contemplate in via del tutto eccezionale. Osservata la regola da una diversa prospettiva, tuttavia, si può anche dire che alla prima udienza l'attore può introdurre nuove domande o modificare quelle proposte o, ancora, chiamare in causa un terzo, e quindi - in ultima analisi - può ampliare l'oggetto sia del giudizio, sia della cognizione, qualora queste "novità" siano rese necessarie dall'impostazione difensiva del convenuto. L'art. 183, comma 5, c.p.c. è una norma abbastanza chiara, che non ha destato particolari problemi ermeneutici; anche la sua naturale estensione è accolta nella prassi senza grandi difficoltà: nel caso in cui il convenuto si costituisca in giudizio direttamente in udienza (cosa che può fare, se non ha eccezioni di merito in senso stretto da sollevare o domande riconvenzionali da proporre), all'attore è tendenzialmente consentito, con la prima memoria, modificare la propria domanda, sempre se simile necessità sia sorta, appunto, dalle difese del convenuto.

1.5 *MUTATIO* ED *EMENDATIO LIBELLI*. LE DOMANDE COMPLANARI

L'articolo 183 prevede poi, al suo comma 6, un triplice scambio di memorie (che viene scandito da tre termini di 30 + 30 + 20 giorni), di cui la norma indica con apparente precisione il contenuto specifico (ai sensi dell'art. 183, comma 6, c.p.c., il giudice, se richiesto, "concede alle parti i seguenti termini perentori: 1) un termine di ulteriori trenta giorni per il deposito di memorie limitate alle sole precisazioni o modificazioni delle domande, delle eccezioni e delle conclusioni già proposte; 2) un termine di ulteriori trenta giorni per replicare alle domande ed eccezioni nuove, o modificate dall'altra parte, per proporre le eccezioni che sono conseguenza delle domande e delle eccezioni medesime e per l'indicazione dei mezzi di prova e produzioni documentali; 3) un termine di ulteriori venti giorni per le sole indicazioni di prova contraria").

Quello che a noi interessa è in particolare la prima memoria istruttoria, vale a dire quella il cui contenuto è disciplinato dal n. 1 del comma 6 dell'art. 183. Questa norma dispone che le parti possono procedere alla precisazione o modificazione delle domande. A questo punto bisogna chiedersi quale sia il significato di "precisare" e "modificare" le domande, anche perché questa previsione deve essere letta unitamente a quanto previsto dal comma 5 dell'art. 183, il quale - abbiamo visto - sancisce già per la prima udienza (e quindi per un momento anteriore) il divieto di *nova*, che non siano la conseguenza delle allegazioni del convenuto. Proprio su questa linea interpretativa giurisprudenza e dottrina hanno sempre ripetuto, quasi come un mantra, che, in virtù della lettura congiunta delle menzionate disposizioni, nella prima memoria istruttoria sarebbe ammissibile soltanto l'*emendatio libelli*, mentre non lo sarebbe la *mutatio libelli*: le precisazioni e le modificazioni di cui all'art. 183, comma 6, n. 1, c.p.c. dovendo rimanere nell'ambito della *emendatio libelli*, non avrebbero quindi potuto riguardare né il *petitum*, né la *causa pretendi*, ma solo elementi secondari, di contorno, perché, in caso contrario, si sarebbe avuta una *mutatio libelli*, cioè una domanda nuova e per ciò inammissibile.

È chiaro come l'indicata lettura della norma in sostanza elimini la differenza, anche lessicale, fra domanda «precisata» e domanda «modificata», riconducendo entrambe al concetto di *emendatio libelli*. Aldilà di queste affermazioni di principio, però, la giurisprudenza – pur enunciandola – ha in passato spesso utilizzato degli *escamotage* per aggirare la riferita interpretazione restrittiva della norma, perlopiù ritenendo che domande, certamente diverse per *petitum* o per *causa petendi*, fossero in realtà riferibili ad un'unica pretesa e quindi rappresentassero mere *emendationes*. Rispondeva, ad esempio, all'orientamento maggioritario l'affermazione secondo cui, sebbene la domanda di accertamento della proprietà di un bene, sulla base del suo avvenuto trasferimento, fosse da considerarsi nuova rispetto a quella costitutiva formulata a norma dell'art. 2932 c.c. (con cui l'attore, lamentando la violazione dell'obbligo di concludere un contratto di compravendita, derivante da un precedente contratto preliminare, chiede al giudice di pronunciare una sentenza costitutiva, che produca gli effetti del contratto non concluso), essa sarebbe stata ciò non di meno ammissibile anche al di là del limite sancito dall'art. 183, comma 5, c.p.c., perché avrebbe rappresentato una mera *emendatio* e non una *mutatio libelli*, dato che oggetto del processo sarebbe rimasto pur sempre l'accertamento dell'esistenza di uno strumento idoneo a trasferire la proprietà di quel bene (in senso contrario, tuttavia, Cass., sez. un., 5 marzo 1996, n. 1731). Si era così venuta a creare una situazione per cui, nonostante le rigorose affermazioni di principio sul divieto della *mutatio libelli*, si arrivava in realtà ad ammetterla, semplicemente qualificandola come mera *emendatio*.

A fronte di questa situazione poco chiara - e di alcune autorevoli voci in dottrina, che suggerivano una soluzione consapevole del problema - le Sezioni unite della Cassazione sono intervenute sul tema e hanno posto alcuni importanti punti fermi con la sentenza n. 12310 del 15 giugno 2015.[1] La fattispecie sottoposta al vaglio del Supremo Collegio riguardava il problema se, partendo da una domanda originaria di natura costitutiva, formulata ai sensi dell'art. 2932 c.c. (*i.e.*, domanda con la quale si chiede al giudice di pronunciare una sentenza che, tra i suoi effetti, ha quello di trasferire la proprietà del bene oggetto del preliminare inadempiuto), la modifica effettuata con la prima memoria istruttoria *ex* art. 183, comma 6, c.p.c., nella quale si chiedesse invece l'accertamento (del già avvenuto trasferimento) della proprietà, fosse oppure no ammissibile. La Cassazione con la decisione menzionata ha in tal caso sancito che, con la prima memoria istruttoria, è ammissibile la proposizione di domande nuove al di là della previsione di cui all'art. 183, comma 5, c.p.c, qualora sussistano i seguenti presupposti: a) che il pur diverso diritto successivamente fatto valere si riferisca alla medesima vicenda sostanziale già dedotta in giudizio; b) che esso intercorra fra le stesse parti; c) che tenda, nella sostanza e in senso ampio, verso la medesima utilità finale (il medesimo «bene della vita»); infine, d) che la domanda modificata risulti connessa alla domanda originaria per incompatibilità/alternatività, così giustificandosi il ricorso al *simultaneus processus*. Il principio di diritto espresso in questo caso dalla Cassazione è stato, infatti, il seguente: "La modificazione della domanda ammessa *ex* art. 183 c.p.c. può riguardare anche uno o entrambi gli elementi oggettivi della stessa ("*petitum*" e "*causa petendi*"), sempre che la domanda così modificata risulti comunque connessa alla vicenda sostanziale dedotta in giudizio e senza che, perciò solo, si determini la compromissione delle

---

1. In *Foro italiano*, 2016, I, 255, con nota di Cea, Costanzo M., Tra "mutatio" ed "emendatio": per una diversa interpretazione dell'art. 183 c.p.c.

potenzialità difensive della controparte, ovvero l'allungamento dei tempi processuali. Ne consegue l'ammissibilità della modifica, nella memoria *ex* art. 183 cod. proc. civ., dell'originaria domanda formulata *ex* art. 2932 cod. civ. con quella di accertamento dell'avvenuto effetto traslativo".

Questa sentenza è stata accolta dal plauso della dottrina, che ha battezzato la domanda nuova così ritenuta ammissibile come "domanda complanare", vale a dire domanda concorrente, che «viaggia complanarmente verso una meta sostanzialmente unitaria, sebbene non identica, e che condivide con la domanda originaria l'identità dell'episodio socio-economico di fondo, che spesso origina da concorsi di pretese ad un unico *petitum* o da diversi *petita* conseguenti a diverse qualificazioni della *causa petendi*» (C. Consolo).

Senonché - è stato subito evidenziato - essa lasciava ancora irrisolto il problema se la nuova domanda, ritenuta ammissibile, dovesse sostituirsi a quella originariamente proposta, oppure potesse cumularsi ad essa.

Il dubbio è stato risolto poco tempo dopo sempre dalle Sezioni unite della Cassazione, le quali, con la sentenza n. 22404 del 13 settembre 2018[2] hanno affermato l'ammissibilità di domande diverse per *petitum* e/o *causa petendi*, proposte con la prima memoria istruttoria anche in via di cumulo (necessariamente) condizionato (ovvero in sostituzione della domanda originaria), purché a) il pur diverso diritto successivamente fatto valere si riferisca alla medesima vicenda sostanziale (intesa quale episodio socio economico di fondo) già dedotta in giudizio; b) esso intercorra fra le stesse parti; c) tenda verso la medesima utilità finale, e infine d) sia connesso per incompatibilità col diritto originariamente fatto valere. Nell'ammettere una siffatta modifica, purché non oltre la prima memoria di cui all'art. 183, comma 6, c.p.c., si consente all'attore di "correggere il tiro", in modo da introdurre nel giudizio la domanda che più risponde ai suoi interessi, senza incorrere in preclusioni, che potrebbero finire per gravare sull'intero sistema giudiziario: trattandosi di domanda diversa e quindi nuova, l'attore avrebbe, infatti, la possibilità di formularla in un nuovo processo, là dove la *ratio* della dottrina sulle domande c.d. complanari risiede, invece, proprio nella volontà di concentrare in un unico giudizio tutte le possibili pretese riconducibili al medesimo nucleo fattuale. Le Sezioni unite, che come abbiamo detto sono debitrici del pensiero formulato dalla dottrina, sottolineano tra l'altro che l'ammissibilità della domanda complanare, nei termini anzidetti, non lede in alcun modo le *chance* di difesa del convenuto, il quale, a quel punto del processo, ha ancora ampio spazio per argomentare in fatto e in diritto, così come la possibilità di introdurre tutti i mezzi istruttori che si rivelino necessari.

---

2. La sentenza è pubblicata in *Corriere giuridico*, 2019, 263 ss.

1.6 BIBLIOGRAFIA ESSENZIALE

ATTARDI, Aldo. In tema di limiti oggettivi della cosa giudicata. *Rivista trimestrale di diritto e procedura civile*, 1990, 475 ss.; CONSOLO, Claudio. *Domanda giudiziale (dir. proc. civ.)*. In: *Dig. disc. priv.*, sez. civ., VII, Torino: Utet, 1991, 44 ss.; BOVE, Mauro. Mutatio ed emendatio libelli - individuazione dell'oggetto del processo e mutatio libelli. *Giurisprudenza italiana*, 2016, 1607 ss.; CERINO CANOVA, Augusto. *La domanda giudiziale e il suo contenuto*. In: Allorio, Enrico (diretto da), *Commentario del codice di procedura civile*, II, 1. Torino: Utet, 1980, 3 ss.; CHIOVENDA, Giuseppe. Identificazione delle azioni. Sulla regola "ne eat iudex ultra petita partium". In: *Saggi di diritto processuale civile*, I, Roma, 1931, rist. anastatica, vol. I, Milano, 1993; CHIZZINI, Augusto. *La domanda giudiziale e il suo contenuto*. Milano: Giuffrè, 2018; CONSOLO, Claudio-GODIO, Federica. Le Sezioni Unite di nuovo sulle domande cc.dd. complanari, ammissibili anche se introdotte in via di cumulo (purché non incondizionato) rispetto alla domanda originaria. *Corriere giuridico*, 2018, 269; CONSOLO, Claudio. Le S.U. aprono alle domande "complanari": ammissibili in primo grado ancorché (chiaramente e irriducibilmente) diverse da quella originaria cui si cumuleranno. *Corriere giuridico*, 2015, 961 ss.; MERLIN, Elena. Ammissibilità della mutatio libelli da «alternatività sostanziale» nel giudizio di primo grado. *Rivista di diritto processuale*, 2016, 807 ss.; D'ALESSANDRO, Elena. *L'oggetto del giudizio di cognizione tra crisi delle categorie del diritto civile e evoluzioni del diritto processuale*. Torino: Giappichelli, 2018; GEORGIADES, Apostolos. *Die Anspruchskonkurrenz im Zivilrecht und Zivilprozessrecht*. München: Beck, 1968; HEINITZ, Ernesto. *I limiti oggettivi della cosa giudicata*. Padova: Cedam, 1937; JAUERING, Othmar. *Verhandlungsmaxime, Inquisitionsmaxime e und Streitgegenstand*. Tübingen: Mohr, 1967; LENT, Friedrich. *Die Gesetzekonkurrenz im bürgerlichen Recht und Zivilprozess*, II. Leipzig: Scientia Verlag, 1916; MENCHINI, Sergio. *I limiti oggettivi del giudicato civile*. Milano: Giuffrè, 1987; MOTTO, Alessandro. Domanda di esecuzione in forma specifica dell'obbligo a contrarre *ex* art. 2932 c.c. e domanda di accertamento dell'avvenuto trasferimento della proprietà: "mutatio" o "emendatio" libelli?. *Giusto processo civile*, 2014, 1027 ss.; MOTTO, Alessandro. Le Sezioni Unite sulla modificazione della domanda giudiziale. *Foro italiano*, 2015, I, 3190; PROTO PISANI, Andrea. Appunti sul giudicato civile e sui suoi limiti oggettivi. *Rivista di diritto processuale*, 1990, 386 ss.; ATTARDI, Aldo. Le preclusioni nel giudizio di primo grado. *Foro italiano*, 1990, V, 385 ss.; SCHMIDT, Richard. *Die Klageänderung*. Leipzig: Duncker und Humblot, 1888; SCHWAB, Karl Heinz. *Der Streitgegenstand im Zivilprozess*. München und Berlin: Beck, 1954; NIKISCH, Arthur. *Der Streitgegenstand im Zivilprozess*. Tübingen: Mohr, 1934; NIKISCH, Arthur. Zum Lehre vom Streitgegenstand im Zivilprozess. *Archiv für die civilistische Praxis* (AcP), 1955, 269 ss.; TARZIA, Giuseppe. Recenti orientamenti della dottrina germanica intorno all'oggetto del processo. *Jus*, 1956, 266 ss.; VILLATA, Stefano. Domanda di adempimento e domanda di arricchimento ingiustificato: mutatio libelli e opposizione a decreto ingiuntivo. *Rivista di diritto processuale*, 2011, 1578 ss.; ZEUNER, Albrecht. *Die objektiven Grenzen der Rechtskraft im Rahmen rechtlicher Sinnzusammenhänge*. Tübingen: Mohr, 1959.

2
BREVES NOTAS SOBRE A *MUTATIO ED EMENDATIO LIBELLI* E AS DEMANDAS *"COMPLANARI"*[3]

Michelle Vanzetti
Professora pesquisadora na *Università degli Studi di Milano*.

Sumário: 1.1 A identificação da demanda judicial: objetivo – 1.2 Critérios para individuação da demanda: breve reconstrução do problema – 1.3 (*Continua*) Teoria da individuação. Direitos "auto" e "hétero" determinados – 1.4 A formação das preclusões relativas ao *thema decidendum* – 1.5 *Mutatio* e *emendatio libelli*. As demandas "complanari" – 1.6 Bibliografia essencial.

Arquivo *on-line*

---

3. Texto traduzido por Renata C. Vieira Maia, Professora de Direito Processual Civil da UFMG.

3
ESTABILIZAÇÃO DA DEMANDA E *MUTATIO LIBELLI*: BREVE VISÃO COMPARATÍSTICA ENTRE OS REGIMES DO CPC BRASILEIRO E DO CPC ITALIANO

Humberto Theodoro Júnior
Professor Titular Aposentado da Faculdade de Direito da UFMG.

Sumário: 2.1 Regime brasileiro de estabilização da demanda – 2.2 Revisão do tema à luz das inovações sistemáticas do CPC/2015 – 2.3 Nem sempre o autor dependerá de consentimento do réu para ampliar o objeto litigioso – 2.4 A *mutatio libelli* no CPC italiano – 2.5 A ampliação (permitida no processo civil brasileiro) do objeto litigioso por meio da introdução de questão prejudicial, se aproxima, de certa forma, da *"mutatio libelli"* italiana – 2.6 tendências de flexibilização da teoria da estabilização da demanda no direito comparado contemporâneo – 2.7 Conclusões.

2.1 REGIME BRASILEIRO DE ESTABILIZAÇÃO DA DEMANDA

A relação processual é subjetivamente tríplice, envolvendo autor, juiz e réu,[1] mas em sua completude, não se estabelece num só ato ou num só momento. Sua formação se dá progressivamente. De início, ao receber a petição do autor, o Estado-juiz vincula-se em relação apenas linear, por força do exercício do direito de ação por parte do demandante. Forma-se um dos lados da relação processual, o lado *ativo*: a ligação autor-juiz e juiz-autor, em torno do objeto do processo, delineado pelo sujeito ativo (o autor) na petição inicial.

Numa segunda fase, com a citação do réu, a relação processual se completa com o seu lado *passivo*: a ligação réu-juiz e juiz-réu, que, sucessivamente poderá acarretar eventuais reflexos sobre o objeto do processo, a depender do teor da defesa do sujeito passivo (o réu). Aí sim o processo estará perfeito em sua forma angular de *actus trium personarum*.

Nesse sentido, dispõe o art. 312 do CPC que se considera proposta a ação quando a petição inicial for protocolada em juízo. Mas, ainda segundo o mesmo artigo, a propositura da ação, todavia, só produz efeitos quanto ao réu depois que for validamente citado. Vale dizer: o réu só é parte da relação processual (e, pois, se sujeita a seus efeitos) depois de regularmente citado. Esquematicamente, tudo se passa assim: a) a propositura da ação vincula autor e juiz à relação processual por

---

1. *Iudicium est actus trium personarum.*

meio do exercício do direito de ação; b) a citação amplia a relação, nela integrando o réu, para assegurar-lhe o exercício do direito de defesa; e c) uma vez completa a relação tríplice, assegurado ao Estado-juiz estará o exercício pleno da jurisdição, nos limites do *objeto do processo*[2] definido pelas partes.

Na sistemática do CPC, a estabilidade do objeto litigioso representa exigência relevante no que diz respeito à instrução probatória, ao pleno exercício da ampla defesa, ao adequado debate da causa e à sua justa resolução em tempo razoável. Há, por isso, marcos temporais que limitam a faculdade de definir as pretensões em conflito e de eventualmente alterá-las, no curso do processo, antes de entrar na fase de julgamento em primeiro grau. Essas barreiras, em regra, localizam-se na citação, para o autor (art. 329, I),[3] e na contestação, para o réu (arts. 336 e 342),[4] e para ambos, no saneamento do processo (art. 357, II e IV).[5]

Os limites à modificabilidade do objeto litigioso, se são importantes para a boa condução do processo, não são rígidos ou absolutos. Examinados dentro do ângulo do autor, ver-se-á que se escoram, em princípio, em dois momentos processuais básicos: o da citação do réu e o do saneamento e organização do processo.

Com efeito, dispõe o art. 329, I, do CPC que o autor pode, *"até a citação*, aditar ou alterar o pedido ou a causa de pedir, independentemente do consentimento do réu". E isso ocorre justamente porque, até então, a relação processual está incompleta, só existindo entre autor e juiz. Todavia, feita a citação e ampliada subjetivamente a relação processual, ainda será possível a *mutatio libelli*, até o saneamento do processo, mas somente se houver *consentimento do réu,* já então integrado à relação plurilateral do processo (art. 329, II).[6] Ou seja: mediante a convenção das partes, a lei aceita as alterações tanto no pedido como na causa de pedir. Essa convencionabilidade, porém, não deve, em regra, ultrapassar a decisão saneadora do processo, como se deduz da permissão contida no inc. II do art. 329 e da própria natureza e função daquela decisão.

---

2. THEODORO JÚNIOR, Humberto. *Curso de direito processual civil*. 61. ed. Rio de Janeiro: Forense, 2020, v. I, n. 518, p. 721.
3. "Art. 329. O autor poderá: I – até a citação aditar ou alterar o pedido ou a causa de pedir, independentemente de consentimento do réu; II – até o saneamento do processo, aditar ou alterar o pedido e a causa de pedir, com o consentimento do réu, assegurado o contraditório mediante a possibilidade de manifestação deste no prazo mínimo de 15 (quinze) dias, facultado o requerimento de prova suplementar. Parágrafo único. Aplica-se o disposto neste artigo à reconvenção e à respectiva causa de pedir".
4. "Art. 336. Incumbe ao réu alegar, na contestação, toda a matéria de defesa, expondo as razões de fato e de direito com que impugna o pedido do autor e especificando as provas que pretende produzir". "Art. 342. Depois da contestação, só é lícito ao réu deduzir novas alegações quando: I – relativas a direito ou a fato superveniente; II – competir ao juiz conhecer delas de ofício; III – por expressa autorização legal, puderem ser formuladas em qualquer tempo e grau de jurisdição".
5. "Art. 357. Não ocorrendo nenhuma das hipóteses deste capítulo, deverá o juiz, em *decisão de saneamento e de organização do processo:* ... II – delimitar as questões de fato sobre as quais recairá a atividade probatória, especificando os meios de prova admitidos; ... IV – delimitar as questões de direito relevantes para a decisão de mérito".
6. No direito antigo, era a *litiscontestatio* que estabilizava o objeto da relação processual. No direito atual a estabilidade do pedido e da causa de pedir ocorre no momento em que o réu se inclui na relação processual por meio da citação válida.

2.2 REVISÃO DO TEMA À LUZ DAS INOVAÇÕES SISTEMÁTICAS DO CPC/2015

Mais uma vez, não se está diante de regra inflexível e absoluta, porquanto o Código não só valoriza e estimula em norma fundamental a autocomposição dos litígios (art. 3º, §§ 2º e 3º), como também franqueia às partes a negociabilidade em torno dos direitos, faculdades e deveres processuais (art. 190).

Em primeiro lugar, é preciso saber que tipo de consentimento deve-se obter do réu para acolher a modificação do pedido ou da causa de pedir levada a cabo pelo autor após a citação. É preciso uma declaração expressa e formal ou seria suficiente uma anuência informal e tácita? Não havendo na lei a exigência de qualquer forma explícita ou solene, mas apenas de um consentimento do réu às modificações intentadas pelo autor, tudo indica que, para o Código, basta que a anuência reclamada pelo art. 329, II, se manifeste tacitamente, como, por exemplo, quando ciente da inovação realizada pelo autor, o réu não só se abstém de impugnar seu cabimento, como passa a debater o respectivo conteúdo, em amplo contraditório de mérito.[7]

Nossa opinião doutrinária, desde a vigência do CPC/1973, lastreada em jurisprudência nacional e doutrina estrangeira, sempre foi no sentido da suficiência, na espécie, do consentimento tácito: "Daí observar Hélio Tornaghi que, na espécie, 'não há proibição de alterar o pedido ou a *causa petendi,* após a citação; apenas a mudança é negócio bilateral: exige, também, o assentimento do réu'.[8] Quanto à adesão do demandado, tanto pode ser *expressa* como *tácita*. Lino Palacio ensina, a propósito, que 'la transformación de la pretensión es admisible cuando el demandado acepta, *expresa o implicitamente*, debatir los nuevos planteamientos introducidos por el actor'.[9] Isto quer dizer que basta a postura do réu, que deixa de impugnar a modificação e passa a discutir nos autos o novo pedido ou os novos fundamentos do pedido, para ter-se como tacitamente admitida a inovação processual".[10]

---

7. Ao tempo do CPC/1973, a 3ª T. do STJ apreciou o tema e decidiu que "apresentada petição pelo autor, em que se altera a causa de pedir, e nenhuma objeção apresentando o réu, que, ao contrário, cuida de negar-lhe o fundamento, é de admitir-se que *consentiu na alteração.* Incidência da ressalva contida no art. 264 do CPC" (REsp 21.940-5/MG, Rel. Min. Eduardo Ribeiro, ac. 09.02.1993, *DJU* 08.03.1993, p. 3.114). A 2ª Turma do mesmo Tribunal, porém, em outro caso decidiu que, para ampliação da demanda havia "necessidade de consentimento do réu" e que não podia este ser "tácito" (REsp 1.307.407/SC, Rel. Min. Mauro Campbel Marques, ac. 22.05.2012, *DJe* 29.05.2012). É bom destacar, contudo, que o sistema do CPC/1973 não prestigiava, como o atual, a autocomposição do litígio, a primazia da resolução de mérito, a formação da coisa julgada sobre o julgamento da questão prejudicial sem depender da ação declaratória, nem muito menos reconhecia, com amplitude, a liberdade das partes de praticar negócio jurídico sobre mudanças no procedimento para ajustá-lo às especificidades da causa e convencionar sobe os seus ônus, poderes, faculdades e deveres processuais, antes ou durante o processo (art. 190).
8. TORNAGHI, Hélio. *Comentários ao Código de Processo Civil.* série RT, São Paulo: Ed. RT, 1975, v. II, p. 307.
9. PALACIO, Lino. *Manual de derecho procesal civil.* 4. ed. Buenos Aires: Abeledo-Perrot, 1977, v. I, n. 53, p. 126-127.
10. THEODORO JÚNIOR, Humberto. *Curso de direito processual civil.* 24. ed. Rio de Janeiro: Forense, 1998, n. 372-a, p. 369; e op. cit., 61. ed. mesma Editora, 2020, v. I, n. 586, p. 775. O TJSP também admitiu o consentimento tácito, ainda ao tempo do CPC/1973, no caso em que o réu não havia consentido de forma expressa, mas contestou o conteúdo do aditamento da inicial (TJSP, Ap. 122.360-2, Rel. Des. Ferreira da Cruz, 9ª Câmara, ac. 19.11.1987, *RJTJSP*, 114/193).

Porque o CPC atual só regula, de forma explícita, a possibilidade de modificação do pedido e da causa de pedir pleiteada até o saneamento do processo, formou-se uma corrente no sentido de que a partir daquele momento a lei vedaria qualquer inovação no objeto litigioso.[11]

No entanto, não é bem essa a conclusão a se extrair do texto do art. 329 do CPC/2015. Se é verdade que o dispositivo regulou a modificação do pedido e da causa de pedir somente até o saneamento, não é menos certo que não reproduziu a proibição de alterações ulteriores, da forma com que o fazia o CPC/1973. Como o CPC/2015, entretanto, permite alterações negociais do procedimento a qualquer tempo (art. 190), poderão as partes avençar, por meio de ajuste de tal natureza, ampliação ou redução do pedido e da causa de pedir, mesmo depois do saneamento, enquanto não sentenciada a causa.

Não se pode entrever um conflito normativo entre os arts. 190 e 329, primeiro porque aquele não estabelece uma livre e completa negociabilidade, e este não veda, pelo menos expressamente, que o objeto litigioso sofra modificação após a fase de saneamento. É possível, portanto, uma convivência das duas normas, a fim de reconhecer ao Código de 2015 uma posição mais flexível quanto ao fenômeno da estabilização do processo.

A diferença que se pode estabelecer na aplicação das duas disposições legais reside em que até o saneamento o problema se resolve pela pura convenção entre as partes. Saneado o processo, o negócio jurídico fica sujeito ao controle e aprovação do juiz (art. 190, parágrafo único), o qual poderá reconhecer ou negar eficácia ao acordo das partes, levando em conta interesses públicos que acaso desaconselhem a reabertura da fase postulatória, em nome de seus deveres de velar pela rápida e efetiva composição do litígio.

Portanto, as possibilidades de alteração do pedido e da causa de pedir, no regime do CPC/2015, podem ser esquematicamente vistas da seguinte forma: *(a) antes da citação*, a inovação pode dar-se por ato unilateral e livre do autor; *(b) depois da citação e antes do saneamento do processo*, as partes são livres para fazê-lo, mediante consenso, independentemente de aprovação judicial; *(c) depois da fase de saneamento*, as partes ainda poderão fazê-lo mediante negócio jurídico processual, cujo efeito, todavia, dependerá de controle e aprovação do juiz.[12]

---

11. NERY JUNIOR, Nelson; NERY, Rosa Maria de Andrade. *Comentários ao Código de Processo Civil*. São Paulo: Ed. RT, 2015, p. 900, nota 6 ao art. 329; BONDIOLI, Luis Guilherme Aidar. Comentários ao art. 329. In: WAMBIER, Teresa Arruda Alvim et al. *Breves comentários ao novo Código de Processo Civil*. São Paulo: Ed. RT, 2015, p. 833, nota 1; AMARAL, Guilherme Rizzo. *Comentários às alterações do novo CPC*. São Paulo: Ed. RT, 2015, p. 443, nota 2.1, ao art. 329.
12. MEDINA, José Miguel Garcia. *Novo Código de Processo Civil comentado*. 3. ed. São Paulo: Ed. RT, 2015, p. 545, nota IV ao art. 329; MARINONI, Luiz Guilherme. ARENHART, Sérgio Cruz; MITIDIERO, Daniel. *Novo curso de processo civil*. São Paulo: Ed. RT, 2015, v. 2, p. 164.

2.3 NEM SEMPRE O AUTOR DEPENDERÁ DE CONSENTIMENTO DO RÉU PARA AMPLIAR O OBJETO LITIGIOSO

Já demonstramos que através de negócio jurídico processual é possível às partes alterar o objeto litigioso, fora dos parâmetros temporais do art. 329, II, do CPC. Além disso, as novas dimensões objetivas da coisa julgada não mais se medem apenas pelo pedido inicialmente formulado pelo autor, no momento da propositura da ação.

A força de lei atribuída à sentença transitada em julgado alcança não só a questão *principal* suscitada pelo autor na petição inicial, expressamente decidida (art. 503, *caput*), mas também a questão *prejudicial* arguida na defesa substancial do réu. Assim, a exceção de mérito (dita *exceção substancial*) manejada pelo demandado torna-se parte do objeto litigioso, independentemente da antiga e superada ação declaratória incidental.[13]

Da mesma forma, ao responder em réplica à exceção substancial, o autor também terá condição de arguir questão incidental capaz de ampliar ou reduzir a dimensão do objeto litigioso já alterado pelo réu (art. 350). Tudo isso se passará, como exige a lei, em regime de pleno contraditório, seja por iniciativa do autor (art. 350), seja do réu (art. 503, § 1º, II). Fácil é, portanto, concluir-se que, na moderna sistemática processual, há modificações do objeto litigioso, e consequentemente do pedido primitivo, que não dependem do sistema tradicional de aquiescência da parte contrária e que decorrem da atual mecânica de inserção de questões prejudiciais no processo, tanto por provocação da defesa do réu, como da resposta do autor a questionamentos da espécie formulados em exceções substanciais opostas pelo demandado.

Outras hipóteses ainda há em que o autor pode, a qualquer tempo, acrescentar pretensões novas ao pedido inicial, tal como se passa com os fatos novos, com as prestações sucessivas das obrigações continuativas, com as consequências obrigatórias do acolhimento do pedido principal, com as matérias que o juiz deve conhecer de ofício, entre outras. Com efeito:

a) Se o juiz deve tomar em consideração no julgamento do mérito fato ocorrido após o ajuizamento da ação, que tenha força constitutiva, modificativa ou extintiva sobre o direito substancial disputado entre as partes, podendo fazê-lo até de ofício, é claro que o autor tem legitimidade para provocar o exame respectivo através de pedido novo, sem necessidade alguma de anuência da parte contrária, como, aliás, prevê o art. 493 do CPC. E isto é possível em qualquer grau de jurisdição, e não

---

13. THEODORO JÚNIOR, Humberto. *Curso de direito processual civil* cit., v. I, n. 586, p. 776. Ainda sobre a definição dos limites da coisa julgada a partir do objeto litigioso, e não apenas do pedido, cf. MATOS, Sérgio. Resolução de questão prejudicial e coisa julgada: primeiras linhas sobre o art. 503, §§ 1º e 2º, do CPC/2015. In: DIDIER JÚNIOR, Fredie; CABRAL, Antônio do Passo (Coord.). *Coisa julgada e outras estabilidades processuais*. Salvador: JusPodivm, 2018, p. 207-229; THAMAY, Rennan Faria Kruger. A coisa julgada do atual ao projetado novo Código de Processo Civil. In: SARRO, Luís Antônio Giampaulo (Coord.). *Novo Código de Processo Civil*: principais alterações do sistema processual civil. 2. ed. São Paulo: Rideel, 2016, p. 283-302.

apenas nos limites temporais do art. 329 do CPC/2015.[14] O mesmo se passa com os juros moratórios e a correção monetária;[15]

b) "Na ação que tiver por objeto cumprimento de obrigação em prestações sucessivas, essas serão consideradas incluídas no pedido, independentemente de declaração expressa do autor, e serão incluídas na condenação, enquanto durar a obrigação, se o devedor, no curso do processo, deixar de pagá-las ou de consigná--las" (CPC, art. 323). Se, pois, o pedido do autor, na petição inicial, foi omisso com relação às prestações vincendas, poderá ele a qualquer tempo aditá-lo para que o benefício do art. 323 do CPC seja-lhe assegurado, sem cogitar de concordância ou não do demandado;[16]

c) No campo da interpretação do pedido, a jurisprudência do STJ tem entendido que o reconhecimento da nulidade ou da resolução do contrato importa *ipso iure* o retorno das partes ao *status quo ante*, devendo a sentença determinar a restituição das prestações pagas pelo contratante, "independentemente de requerimento expresso nesse sentido sob pena de enriquecimento sem causa".[17] Trata-se, na ótica do STJ, de concretização da "eficácia restitutória", inerente à desconstituição do negócio jurídico, ou seja, uma "consequência natural" do evento jurídico em causa (CC, art. 182).[18] Tendo, pois, havido omissão na petição inicial, o autor terá direito de aditá-la, a qualquer tempo, para explicitar a pretensão restitutória, sem que o demandado possa impedir a emenda respectiva;

d) Nas demandas que envolvem matérias de ordem pública, a aplicação de medida diversa daquela invocada pelas partes – a exemplo do que se passa com as nulidades de pleno direito, com a prescrição e decadência, com a correção monetária, com o direito de família etc. –, não configura julgamento *extra* ou *ultra petita*.[19]

---

14. "O art. 462 do CPC [art. 493 do CPC/2015] permite, tanto ao Juízo singular como ao Tribunal, a análise de circunstâncias outras que, devido a sua implementação tardia, não eram passíveis de resenha inicial. Tal diretriz deve ser observada no âmbito do Superior Tribunal de Justiça, *porquanto o art. 462 não possui aplicação restrita às instâncias ordinárias*" (STJ, 4ª T., REsp 704.637/RJ, Rel. Min. Luís Felipe Salomão, ac. 17.03.2011, DJe 22.03.2011).
15. "Não cumprida a obrigação, responde o devedor por perdas e danos, mais juros e atualização monetária segundo índices oficiais regularmente estabelecidos, e honorários de advogado" (Cód. Civil, art. 389)". "O pedido deve ser certo. § 1º. Compreende-se no principal os juros legais, a correção monetária e as verbas de sucumbência, inclusive os honorários advocatícios" (CPC, art. 322). Vale dizer, sendo omisso o pedido inicial, o autor pode pedir tais acessórios a qualquer tempo, até na fase de liquidação e de cumprimento da sentença (Súmula 254 do STF; STJ, 4ª T., REsp 253.671/RJ, Rel. Min Sálvio de Figueiredo, ac. 05.09.2000, DJU 09.10.2000, p. 154).
16. "Ademais, é sabido que, a teor do art. 290 do Código de Processo Civil [art. 323 do CPC/2015], nos casos de pedido de pagamento de prestações periódicas, independentemente destas serem requeridas, ou não, pelo autor, estarão elas incluídas na condenação" (STJ, 6ª T., REsp 1.055.806/PA, Rel. Min. Maria Thereza de Assis Moura, ac. 19.03.2009, DJe 13.04.2009).
17. STJ, 3ª T., REsp 1.611.415/PR, Rel. Min. Marco Aurélio Bellize, ac. 21.02.2017, DJe 07.03.2017; STJ, 4ª T., REsp 300.721/SP, Rel. Min. Ruy Rosado de Aguiar, ac. 04.09.2001, DJU 29.10.2001, p. 210.
18. STJ, 3ª T., REsp 1.286.144/MG, Rel. Min. Paulo de Tarso Sanseverino, ac. 07.03.2013, DJe 01.04.2013; STJ, 4ª T., REsp 500.038/SP, Rel. Min. Aldir Passarinho, ac. 22.04.2003, DJU 25.08.2003, p. 322.
19. "A correção monetária plena é mecanismo mediante o qual se empreende a recomposição da efetiva desvalorização da moeda, com o escopo de se preservar o poder aquisitivo original, sendo certo que *independe de*

Por isso, não está impedido o autor de suprir lacuna da petição inicial, requerendo, durante a marcha do processo, a ampliação do pedido ou da causa de pedir para incluir o argumento de ordem pública. Mesmo porque o juiz estaria, pela natureza da matéria, autorizado a apreciá-la de ofício.[20] O mesmo se passa com a prescrição, em face do disposto no Código Civil, art. 193, e no CPC, art. 487, II.[21]

2.4 A *MUTATIO LIBELLI* NO CPC ITALIANO

Segundo o art. 183 do CPC italiano, diante da resposta do réu, o autor pode propor novas demandas e exceções "que sejam consequência da demanda reconvencional ou das exceções propostas pelo réu". Na audiência de "trattazione della causa", que funciona, de certa forma, como nossa audiência de "saneamento e organização do processo" (CPC brasileiro, art. 357), o mesmo dispositivo do CPC italiano prevê que, naquele momento processual, "as partes podem *precisar* ou *modificar* as demandas, as exceções e as conclusões já formuladas". A requerimento dos interessados, o juiz concederá prazos sucessivos de trinta dias, primeiro para que se produza a memória de precisão ou modificação das demandas, das exceções e das conclusões já propostas; e, depois, para contestar às demandas e exceções novas, ou modificadas, da outra parte, e, ainda, para propor as exceções que sejam consequência das demandas e exceções inovadas".

O que gerou controvérsia durante um bom tempo foi a dimensão a ser dada às novas demandas do autor enquadráveis na categoria de "consequência" da defesa proposta pelo réu. O que se admite seriam variações do *thema decidendum* (objeto litigioso) ou apenas do *thema probandum* (fato jurídico) para reafirmar e esclarecer o mesmo objeto litigioso?

A Corte de Cassação, por suas *Sezioni Unite*, assentou, em julgado de 15.06.2015 (n. 12.310) que as inovações autorizadas pelo art. 183 do CPC vão além do *thema probandum,* podendo atingir uma alteração do "thema decidendum", passando, por exemplo, da demanda de execução específica da obrigação de contratar à demanda

---

pedido expresso da parte interessada, não constituindo um *plus* que se acrescenta ao crédito, mas um *minus* que se evita" (STJ, Corte Especial, REsp 1.112.524/DF, Rel. Min. Luiz Fux, ac. 01.09.2010, DJe 30.09.2010). Em matéria de tutela ambiental, para o STJ, não há julgamento *ultra* ou *extra petita* quando a sentença acoberta área maior do que a definida no pedido do autor formulado na petição inicial, ou se funda em *causa petendi* diversa da que constou daquela peça processual: "Consectariamente, não há decisão *extra petita* quando o juiz examina o pedido e aplica o direito com fundamentos diversos dos fornecidos na petição inicial ou mesmo na apelação, desde que baseados em fatos ligados ao fato-base" (STJ, 1ª T., REsp 1.107.219/SP, Rel. Min. Luiz Fux, ac. 02.09.2010, DJe 23.09.2010).

20. "As nulidades devem ser pronunciadas pelo juiz, quando conhecer do negócio jurídico ou dos seus efeitos e as encontrar provadas, não lhe sendo permitido supri-las, ainda que a requerimento das partes" (Cód. Civil, art. 168, parágrafo único).

21. "A prescrição pode ser alegada *em qualquer grau de jurisdição* pela parte a quem aproveita" (Cód. Civ., art. 193). "A revogação do art. 194 do Cód. Civil pela Lei 11.280/2006, que determina ao juiz o reconhecimento *de ofício da prescrição*, não retira do devedor a possibilidade de renúncia admitida pelo art. 191 do texto codificado" (Enunciado 295 do CEJ). "Haverá resolução de mérito quando o juiz: ... II – decidir, *de ofício ou a requerimento,* sobre a ocorrência de decadência ou prescrição" (CPC, art. 487, II).

de acertamento do efeito translativo já realizado pelo mesmo contrato. O que se exige é que as diversas demandas sejam relativas à mesma "vicenda sostanziale-esistenziale", ou seja, demandas originadas de uma só quadra fático-substancial, as quais o processo deva "saber acolher e definir em sua integralidade".[22] Trata-se das demandas que Claudio Consolo chama de "complanari".[23]

Em 13.09.2018 (julgado 22.404), a mesma Corte, pelo mesmo órgão colegiado, voltou a enfrentar o tema e, com aplausos da doutrina, esclareceu: "la domanda complanare, amissibile se formulata in corso di causa perchè entro la I memoria *ex art. 183*, comma 6, c.p.c., non necessariamente dovrà sostituirsi alla domanda originaria, da considerarsi quindi rinunciata, ma potrà ad essa cumularsi (in cumulo subordinato o anche semplice...). E à vista disso, concluiu pela possibilidade de a *mutatio libelli* autorizada pelo referido dispositivo do CPC italiano, compreender o ajuizamento sucessivo da demanda de enriquecimento sem causa, como demanda complanaria, diante de uma causa fundada em direito diverso, qual seja, uma demanda de condenação contratual.[24]

Esclarece a doutrina que, na linha do entendimento da Corte de Cassação, que a demanda inovadora (a "complanaria") pode substituir a demanda originária, mas isto não necessariamente deve ocorrer, pois, é perfeitamente possível que a esta se cumule em somatório completo tanto como em caráter alternativo ou subordinado (isto é, pedido sucessivo que só será apreciado caso seja rejeitado o pedido principal, o originário).

O que, enfim, se exige entre o pedido originário e o pedido inovado é que ambos se refiram, sem dúvida, ao mesmo evento substancial-existencial, do qual decorram direitos diferentes, mas ligados por relação de conexão que justifique pela origem comum a apreciação simultânea ou sucessiva numa única prestação jurisdicional. É isso, salvo melhor juízo, que permite, na definição da Corte de Cassação italiana, a *mutatio libelli* prevista no art. 183 do CPC, e que se enquadra na justificativa de demandas diferentes, mas relativas a mesma "vicenda sostanziale-esistenziale", as quais cabe ao processo acolher e definir em sua "integralità".

Tal como se passa com o direito brasileiro (em que as alterações do pedido devem ser praticadas durante a fase de postulação, ou seja antes do saneamento do processo), também o direito italiano estabelece um limite temporal para a *mutatio*

---

22. MERLIN, Elena. Ammissibilità della *mutatio libelli* da "alternatività sostanziale" nel giudizio di primo grado. In *Riv. dir proc.*, anno 2016, n. 3, p. 807.
23. CONSOLO, Claudio; GODIO, Frederica. "Le Sezione Unite di nuovo sulle domande cc.dd.. complanari, ammissibili anche se introdotte in via di cumulo (perchè sion incondizionato) rispetto alla domanda originaria. *Corriere Giuridico,* anno 2019, n. 2, p. 263.
24. CONSOLO e GODIO, op. cit., loc. cit. O caso julgado pela Corte de Cassação foi assim resumido pelos autores: "o autor – um engenheiro – agiu para obter a condenação do réu ao pagamento do preço contratual pelo serviço prestado. O réu, com pretensão constitutiva, arguiu a nulidade do título (...). O autor, então, com a I memória, de acordo com o art. 183, *comma* 6, c.p.c., propõe, em via de subordinação em face da demanda de adimplemento contratual – que, assim, se mantém firme –, a demanda residual de enriquecimento, com base no art. 2.041 c.c".

libelli: a audiência de organização da causa, seguida, eventualmente dos prazos de formalização da respectiva memória (art. 183, *comma* 6, ns. 1 e 2). Uma coisa, todavia, deve ser ressaltada: o CPC italiano, no dispositivo que permite ao autor esclarecer ou modificar a demanda, após a contestação, não condiciona a medida ao consentimento do réu. Apenas exige que a nova demanda adicionada seja consequência da demanda reconvencional ou das exceções substanciais propostas pelo réu (art. 183, *comma* 5).

2.5 A AMPLIAÇÃO (PERMITIDA NO PROCESSO CIVIL BRASILEIRO) DO OBJETO LITIGIOSO POR MEIO DA INTRODUÇÃO DE QUESTÃO PREJUDICIAL, SE APROXIMA, DE CERTA FORMA, DA *"MUTATIO LIBELLI"* ITALIANA

Ao tempo do CPC de 1973, para que a questão prejudicial de mérito fosse acolhida como ampliação do objeto litigioso, permitindo assim que sua resolução se acobertasse da autoridade de coisa julgada, era preciso que o interessado propusesse a chamada *ação declaratória incidental*.[25] Se tal não se desse, o tema seria apreciado como simples motivo da sentença, sobre o qual o Código velho se negava a reconhecer a *res iudicata*.[26] A propositura da *declaratória incidental*, pelo réu, deveria ser feita em reconvenção, ou pelo autor, na fase de impugnação à resposta do demandado.

O Código atual aboliu a ação declaratória incidental, para permitir que as questões outrora resolvidas por meio daquela ação pudessem ser suscitadas como simples matéria de defesa, por qualquer das partes, e mesmo assim reconheceu a possibilidade de a respectiva solução vir a recobrir-se da força de *res iudicata*. É condição, porém, dessa autoridade sentencial, que haja ampla discussão e instrução probatória a respeito (CPC/2015, art. 503, § 1º).

Diante da suscitação da questão prejudicial, terá sido, sem ajuizamento de outra ação, ampliado o objeto litigioso do processo em andamento. Em razão disso, na fase das providências preliminares, caberá ao juiz adotar medida similar à aplicada às defesas indiretas (isto é, as que configuram exceções substanciais, fundando-se em fatos impeditivos, modificativos ou extintivos do direito do autor): abertura de vista à parte contrária, pelo prazo de quinze dias, para manifestar-se, permitindo-lhe a produção de prova pertinente (CPC/2015, art. 350). Com isto, o contraditório exigido pelo § 1º do art. 503, do mesmo Código, terá sido resguardado, e a formação da coisa julgada terá sido viabilizada.

---

25. "Se, no curso do processo, se tornar litigiosa relação jurídica de cuja existência ou inexistência depender o julgamento da lide, qualquer das partes poderá requerer que o juiz a declare por sentença" (CPC/1973, art. 5º). Especialmente para o autor, o art. 325 do referido Código, permitia a propositura incidental da ação declaratória no fecho da fase postulatória, em resposta à contestação em que o réu negasse, em exceção substancial, o direito constitutivo do fundamento do pedido manifestado na petição inicial.
26. O art. 469, III, do CPC/1973, afirmava textualmente não fazer coisa julgada "a apreciação da questão prejudicial, decidida incidentemente no processo". Mas o art. 470 daquele Código, ressalvava, todavia, que fazia coisa julgada "a resolução da questão prejudicial, se a parte o requerer (arts. 5º e 325), o juiz for competente em razão da matéria e constituir pressuposto necessário para o julgamento da lide".

A política que orientou o CPC/2015 no tema em foco, foi segundo reconhecimento da doutrina, a de facilitar a inclusão da questão prejudicial no alcance da coisa julgada, a partir de um critério de economia processual "para que os jurisdicionados (e o Estado judicante) obtenham o máximo resultado possível em determinado processo".[27]

Vê-se, pois, que, em nosso direito positivo, o tratamento da coisa julgada sobre o objeto ampliado do processo, em decorrência de suscitação de questão prejudicial de mérito, após a litiscontestação, guarda bastante similaridade com o regime do art. 183 do CPC italiano, já exposto acima, ou seja: lá como cá, é possível que as partes inovem seus pedidos e fundamentos jurídicos, amparados em suscitação de fatos e arguições novos trazidos pela contraparte. E se tais inovações e reações ocorrerem em tempo hábil na consideração da lei, a questão prejudicial ou conexa com o pedido ou sua *causa petendi* não poderá deixar de ser resolvida pela sentença de mérito, com a autoridade de *res iudicata*, para os fins tanto de direito processual como de direito substancial.

Portanto, no terreno da ampliação incidental do objeto litigioso, o pressuposto do direito italiano de demandas relativas à mesma "vicenda sostanziale-esistenziale" ("domande complanari", no dizer de Consolo) equivale ao conceito brasileiro de *conexidade* entre pedidos de ações presentes nas defesas mediante exceções substanciais, nas reconvenções, na suscitação de questões prejudiciais e na reunião de ações propostas separadamente para instrução comum e julgamento numa só sentença. Com efeito:

a) A defesa indireta (exceção substancial), entre nós, somente pode ampliar o objeto litigioso quando se referir a fato jurídico, não cogitado na petição inicial, mas que se *reflete diretamente* sobre a eficácia do direito do autor, impedindo-a, causando-lhe modificações ou provocando sua extinção (CPC, art. 350);[28]

b) Na reconvenção é permitido ao réu formular contra o autor *pretensão própria*, desde que conexa com a ação principal ou com o fundamento da defesa" (art. 343);[29] sob os mesmos fundamentos, admite-se também reconvenção do autor primitivo contra a reconvenção intentada pelo réu;[30]

---

27. BLOCH, Francisco dos Santos Dias. Coisa julgada e questão prejudicial no novo CPC. In: AURELLI, Arlete Inês et al (Coord.). *O direito de estar em juízo e a coisa julgada*: estudos em homenagem à Thereza Alvim. São Paulo: Ed. RT, 2014, p. 736.
28. "Pode-se reconhecer que em todos os casos de exceções substanciais, cuja invocação na defesa do réu [ou na impugnação do autor à resposta do réu] importa exclusão ou redução do direito que o autor pretendeu fazer valer contra o excipiente, a contestação tem aptidão para assumir o feitio reconvencional, ou seja, provoca ampliação do objeto do processo e, consequentemente, dilata os limites objetivos da coisa julgada. Exemplos dessa contestação de força reconvencional podem ser entrevistos nas arguições de prescrição, decadência, nulidade ou anulabilidade do negócio jurídico por vício de consentimento, cláusula resolutória etc." (THEODORO JÚNIOR, Humberto. *Curso de direito processual civil cit.*, v. I, n. 607, p. 796).
29. "O instituto da reconvenção exige, como pressuposto de cabimento, a *conexão* entre a causa deduzida em juízo e a pretensão contraposta pelo réu. À conexão de causas, por sua vez, dá-se por coincidência de *objeto ou causa de pedir*" (STJ, 2ª T., REsp 72.065/RS, Rel. Min. Castro Meira, ac. 03.08.2004, *DJU* 06.09.2004, p. 185).
30. "Sendo a intimação para responder, e não apenas para contestar, o *reconvindo pode reconvir* diante da reconvenção" (THEOTÔNIO NEGRÃO et al. *Código de Processo Civil e Legislação Processual em Vigor*. 51. ed. São Paulo: Saraiva, 2020, p. 443, nota 9 ao art. 343 com citação de diversos acórdãos de diferentes tribunais).

c) A arguição incidental de questão prejudicial, cuja resolução seja passível de assumir a força de *res iudicata*, só acontecerá quando dela "depender o julgamento do mérito" da demanda originária (art. 503, I), o que se admite tanto em face da ação como da reconvenção ou da exceção substancial.[31]

Muitas são, à vista do exposto, as afinidades entre a *mutatio libelli* nas hipóteses do direito italiano, geradas pela adição superveniente de pretensões "complanarias", e aquelas situações de conexidade de pedidos e causa de pedir, que, no direito brasileiro permitem a alteração do objeto litigioso, após a resposta do réu à ação proposta pelo autor. Todas, lá e aqui, têm a consequência comum de alargar os limites da coisa julgada para além da resolução do pedido originário formulado na petição inicial com que o autor instaurou o processo.

Há de se ressaltar, além disso, que o CPC brasileiro (a exemplo do CPC italiano), ao disciplinar o saneamento e a organização do processo, encarrega o juiz de "delimitar as questões de direito relevantes para a decisão do mérito" (art. 357, IV), e quando a causa se apresentar complexa em matéria de fato ou de direito, deveria ele realizar o saneamento em audiência, com a cooperação das partes. Em tal oportunidade é permitido ao juiz convidar as partes "a *integrar* ou *esclarecer* suas alegações" (art. 357, § 3º). Vê-se, aí, uma salutar flexibilização da estabilidade da demanda, cuja provocação parte do próprio juiz, ensejando ao autor, não apenas aperfeiçoamento do pedido e da *causa petendi*, mas até mesmo acréscimos e alterações: o convite feito pelo juiz, é tanto para esclarecer como para *integrar* as pretensões, numa tentativa até mesmo de estimular negócio jurídico processual ou solução consensual parcial do objeto litigioso.[32]

2.6 TENDÊNCIAS DE FLEXIBILIZAÇÃO DA TEORIA DA ESTABILIZAÇÃO DA DEMANDA NO DIREITO COMPARADO CONTEMPORÂNEO

Antes do advento do CPC de 2015 (que lançou algumas luzes modernizantes sobre o tema), já observavam Alvaro de Oliveira e Daniel Mitidiero, em análise aos arts. 264 e 294 do Código de 1973, que a rigidez do princípio da estabilidade da demanda, nos termos da regulamentação processual então vigente, *não condizia com uma visão mais moderna do processo*: "O ideal – destacavam os autores – é que se tenha maior flexibilidade nesse campo, como demonstra a experiência do direito comparado".[33]

---

31. "Ou seja: apenas ficará coberta pela coisa julgada material a questão prejudicial que figurar como *fundamento necessário* do julgamento da causa..." (NEGRÃO, Theotônio. Op. cit., p. 564, nota 5 ao art. 503). "Observe-se que o mérito da causa pode, eventualmente, ser ampliado pela atuação do demandado [...] articulando o demandado defesas indiretas na contestação, isto é, alegando fatos impeditivos, modificativos ou extintivos do direito do autor, estas alegações também formarão o mérito da causa" (MITIDIERO, Daniel. Abrangência da coisa julgada no plano objetivo – segurança jurídica. *Revista de Processo*, 184/317. Cf. também OLIVEIRA, Carlos Alberto Alvaro de; MITIDIERO, Daniel. *Curso de processo civil*. São Paulo: Atlas, 2010, v. I, p. 69; FONSECA, João Francisco Naves da. *O direito de estar em juízo e a coisa julgada*. São Paulo: Ed. RT, 2014, p. 773-787.
32. NERY JR., Nelson; NERY, Rosa Maria de Andrade. *Comentários ao Código de Processo Civil*. São Paulo: Ed. RT, 2015, p. 973, notas 11 e 12 ao art. 357.
33. ALVARO DE OLIVEIRA, Carlos Alberto; MITIDIERO, Daniel. *Curso de processo civil*, São Paulo: Atlas, 2012, v. 2, p. 10-11: "A respeito, Alvaro de Oliveira. *Do formalismo no processo civil*: proposta de um formalismo

Além do exemplo italiano que já invocamos, Alvaro de Oliveira navega pelo direito comparado europeu para demonstrar, em matéria de alteração do pedido e da causa de pedir, que, à luz do direito positivo de vários outros países do Velho Mundo, "a experiência histórica mais moderna tem estabelecido brechas nesse rigorismo formal, procurando coordená-lo com o princípio da economia processual, emprestando assim maior agilidade ao processo".[34] E exemplifica:

"Típico exemplo dessa orientação, o § 235, da Ordenança Processual austríaca, autoriza o juiz a permitir a modificação da demanda se não é de temer um retardamento relevante e 'um agravamento' no desenvolvimento do processo. Também a Ordenança Processual de Berna, § 94, admite a alteração da demanda principal ou reconvencional, sem o consentimento da parte contrária, se apoiada em causa de pedir *semelhante* à anterior pretensão ou *conexa* com a exercida desde que entenda o juiz não decorrer daí considerável agravamento ou demora no tratamento da causa".

Lembra, ainda, o mesmo autor que também a ZPO alemã, em seu § 263, admite desde 1933 a modificação da demanda, independente de anuência do adversário, se entendido pelo tribunal estar atendido o requisito da "oportunidade". Entre esses casos, menciona-se permissão para alteração do objeto litigioso quando, ocorrem "alterações materiais" durante o processo, "a exemplo do perecimento da coisa durante a litispendência, permitindo inclusive posterior pedido de perdas e danos no mesmo processo".[35]

Emblemática é ainda a lembrança do CPC português, que a partir da reforma de 1995 e 1996, passou a admitir na réplica do autor à resposta do réu, a alteração ou ampliação da *causa de pedir;* permite também, na mesma oportunidade, ampliar o *pedido,* podendo, em qualquer altura, reduzir o pedido, ou ampliá-lo, se a inovação consistir em desenvolvimento ou consequência do pedido primitivo. Há, ainda, vários outros exemplos de permissão de alteração ou ampliação do pedido, em matéria de aplicação de sanção pecuniária ao descumprimento de obrigações infungíveis; ou de imposição de renda vitalícia ou temporária em lugar de condenação em quantia certa. Há mesmo casos em que se permite até a alteração simultânea do *pedido* e da *causa* de pedir desde que se mantenha em controvérsia a mesma relação jurídica.[36]

Escrevendo ao tempo do CPC/1973, advertia Alvaro de Oliveira que, "do ponto de vista cooperativo,[37] no atual estágio de desenvolvimento social brasileiro, está mais do que em tempo de se começar a pensar na reforma da legislação processual para

---

valorativo. 4. ed. São Paulo: Saraiva, 2010, n. 20.2, p. 199-201. Pugnando igualmente pela flexibilização da preclusão na conformação da *causa petendi,* e do *petitum,* José Rogério Cruz e Tucci. *A causa petendi no processo civil.* 3. ed. São Paulo: Ed. RT, 2009, 185-192. MITIDIERO, Daniel. *Colaboração no processo civil:* pressupostos sociais, lógicos e éticos. 2. ed. São Paulo: Ed. RT, 2011, p, 128-130" (OLIVEIRA e MITIDIERO. Op. cit., p. 11, nota 15).

34. ALVARO DE OLIVEIRA. *Do formalismo no processo civil* cit., p. 173.
35. ALVARO DE OLIVEIRA. Op. cit., p. 173-174.
36. ALVARO DE OLIVEIRA Op. cit., p. 174-175.
37. Registre-se que o atual CPC/2015 brasileiro, acolheu a tese do caráter cooperativo do processo, como norma fundamental, e facilitou a ampliação do objeto litigioso por meio de questões prejudiciais manejáveis em

permitir a alteração do pedido e da causa de pedir, nos termos da legislação processual portuguesa atual. Dessa forma, mais uma vez seria estimulado o desejável diálogo entre o órgão judicial e as partes, quebrando-se ao mesmo tempo um formalismo excessivo, que não tem mais razão de ser".[38]

No direito espanhol, Victor Fairen Guillén lembra que, embora haja o interesse público na boa marcha do processo, "em muitas ocasiões, a alteração da demanda pode significar uma grande economia processual, evitando-se inútil e cara duplicidade".[39]

Também divagando sobre o sistema legal do CPC anterior, Moreira Pinto anotava a existência de duas posições diferentes em face da estabilidade da demanda: a dos que a encaravam com a maior flexibilidade, buscando ampliar as perspectivas de melhor compor os litígios; e a dos que a viam sob a ótica da rigidez, a pretexto de se tratar de requisito necessário ao exercício do contraditório e da boa instrução processual. "Sob essa ótica, quanto antes se opera a imutabilidade, mais prestigiado sairá o contraditório":

"No entanto, no processo se encontram em jogo outros valores não menos importantes. Um destes diz respeito aos próprios fins da atividade processual: a *busca da verdade*. Visando a jurisdição pacificar os litígios, utilizando-se da maior justiça possível, todas as questões vislumbradas pelo juiz, que interessam ao deslinde da causa, não podem ser desprezadas. Neste enfoque, quanto mais se alongar a fase postulatória, se aproximará o processo mais de seu escopo, qual seja a justa composição dos litígios.

E os modelos processuais há muito vêm se empenhando em buscar o melhor equacionamento desta matéria. Desde os mais flexíveis até os mais rígidos, a mutação e a diversidade dos modelos processuais divergem sensivelmente entre os diversos sistemas.

Talvez, em vez de se privilegiar um ou outro princípio, a solução esteja no temperamento dos valores mencionados".[40]

Eis, em suma, uma corretíssima advertência:

"Jamais deve-se olvidar que acima de uma regra processual estabelecida para um fim específico está o próprio objetivo da norma, que uma vez satisfeito, dispensa a estrita e cega observância da regra".[41]

---

simples réplica, sem depender de propositura de ação declaratória incidental, e com força de ampliar o alcance da coisa julgada para além do pedido e da causa de pedir originais.
38. ALVARO DE OLIVEIRA. Op. cit., p. 174.
39. *La transformación dela demanda en el proceso civil*. Santiago de Compostela, Porto, 1949, p. 105, apud ALVARO DE OLIVEIRA, op. cit., p. 173, nota n. 39.
40. MOREIRA PINTO, Júnior Alexandre. Sistemas rígidos e flexíveis: a questão da demanda. *In*: TUCCI, José Rogério Cruz e; BEDAQUE, José Roberto dos Santos (Coord.). *Causa de pedir e pedido no processo civil*. São Paulo: Ed. RT, 2002, p. 86.
41. Idem, ibidem.

Donde nossa conclusão, aplicável tanto no regime do CPC/1973 como ao do Código atual, inspirada não na literalidade do enunciado legal, mas na funcionalidade da norma: se não há prejuízo para o contraditório, nem se causa uma delonga exagerada do processo, nada deve impedir o aprimoramento ou a ampliação do objeto litigioso, se realizados ainda dentro da fase postulatória do processo e com respeito ao mesmo quadro fático-substancial que deu origem ao pedido primitivo. Os exemplos dos Códigos da Itália e de Portugal merecem ser seguidos.

2.7 CONCLUSÕES

O *processo justo* ambiciona mais que a simples resolução técnica dos litígios, pois visa a uma justa e ampla pacificação social, dentro da qual os rigores tradicionais da estabilização da demanda não subsistem. Ao contrário, o que se impõe é a concepção flexível funcional e dinâmica da *mutatio libelli*, a qual, observado o respeito ao contraditório e ampla defesa, proporciona uma evolução do objeto litigioso capaz de conduzir o processo a uma completa, econômica, célere e eficiente resolução do conflito, em todas as dimensões que assume durante o debate produzido entre as partes na fase postulatória do *iter* procedimental.

Esse caráter do processo civil atual manifesta-se, com aplausos da doutrina, na construção jurisdicional da Corte de Cassação italiana da sistemática da *mutatio libelli* "complanaria"; e, entre nós, através da amplitude com que o CPC/2015, admite a introdução e os efeitos da questão prejudicial, do negócio jurídico processual e da invocação do fato novo, durante o curso do processo, com significativos reflexos sobre o objeto litigioso a ser resolvido pela sentença de mérito, sob a autoridade da coisa julgada.

Longe de ser o regime brasileiro da *mutatio libelli* idêntico ao do direito italiano, a experiência e a evolução doutrinária e jurisprudencial vivenciadas na Itália revelam a possibilidade de nos aproximar, muito proveitosamente, do aprofundamento das construções jurídicas levadas a bom termo naquele país em torno do espinhoso problema da estabilização do objeto litigioso no processo civil contemporâneo.

Parte III
LIMITES OBJETIVOS DA COISA JULGADA

1
BREVI CONSIDERAZIONI IN TEMA DI LIMITI OGGETTIVI DEL GIUDICATO

Martino Zulberti

Ricercatore nell'Università degli Studi di Milano.

Sumário: 1.1 Premessa – 1.2 L'accertamento incidentale *ex lege* – 1.3 Questioni pregiudiziali e giudicato. L'orientamento per il quale l'accertamento non si estende alle questioni pregiudiziali – 1.4 *Segue*: ...e quello che ammette, a determinate condizioni, il giudicato sulle questioni pregiudiziali in assenza di domanda – 1.5 *Segue*: ...e quello che distingue, ai fini dell'estensione del giudicato, fra pregiudizialità logica e pregiudizialità tecnica – 1.6 Gli orientamenti della giurisprudenza – 1.7 Riflessione conclusiva – 1.8 Bibliografia essenziale.

1.1 PREMESSA

Il tema dei limiti oggettivi del giudicato si intreccia con molti altri temi, primo fra essi quello dell'oggetto della domanda e del processo: l'ordinamento processuale è governato difatti dal principio della domanda (art. 99 c.p.c. e art. 2907 c.c.) e da quello della corrispondenza fra chiesto e pronunciato (art. 112 c.p.c.), sicché si afferma una tendenziale coincidenza fra oggetto della domanda, oggetto del processo e oggetto del giudicato (Cerino Canova, Luiso, Merlin, Nardo). Stabilire quale sia l'oggetto della domanda giudiziale e l'oggetto del processo incide anche sui limiti oggettivi del giudicato, dei quali solo il mio intervento intende occuparsi. Per la precisione, vorrei affrontare la questione, se l'accertamento riconducibile alla decisione del giudice riguarda esclusivamente il diritto soggettivo dedotto con la domanda giudiziale ovvero se si estenda anche alle questioni pregiudiziali: si tratta del problema se le questioni pregiudiziali siano conosciute dal giudice in via incidentale (c.d. *cognitio incidenter tantum*) ovvero siano decise con attitudine al giudicato.

Manca nell'ordinamento italiano una previsione come l'art. 503 c.p.c. brasiliano, che stabilisca in modo espresso le condizioni alle quali il giudicato si estende alle questioni pregiudiziali: anche per questa ragione, la questione dei limiti oggettivi continua ad essere oggetto di un acceso dibattito. La norma intorno alla quale si è sviluppata la trattazione è l'art. 34 c.p.c., a mente del quale "Il giudice, se per legge o per esplicita domanda di una delle parti è necessario decidere con efficacia di giudicato una questione pregiudiziale che appartiene per materia o valore alla competenza di un giudice superiore, rimette tutta la causa a quest'ultimo, assegnando alle parti un termine perentorio per la riassunzione della causa davanti a lui". La disposizione è dettata però in materia di competenza e si discute se e in quali limiti essa possa rilevare ai fini della soluzione del problema dell'estensione dell'accertamento alle questioni pregiudiziali.

In via preliminare, va fin da subito operata una precisazione terminologica.

Le questioni pregiudiziali cui mi sono riferito poco sopra sono quelle che non solo costituiscono un passaggio obbligato dell'*iter* logico della decisione, ma che sono anche idonee a costituire oggetto di autonomo giudizio: si tratta in altri termini – e salvo differenti ipotesi previste dal legislatore – di diritti soggettivi, *status* o rapporti giuridici.

È quest'ultima una precisazione opportuna, posto che è discusso se possano essere oggetto di giudicato anche le questioni di fatto e di diritto che il giudice deve affrontare per decidere sulla domanda, che pur non costituiscono questioni pregiudiziali "in senso stretto".

1.2 L'ACCERTAMENTO INCIDENTALE *EX LEGE*

Talvolta è la legge stessa che stabilisce che una determinata questione pregiudiziale vada decisa con un accertamento idoneo al giudicato. Si tratta, però, di disposizioni specifiche – la cui portata generale va esclusa – che sanciscono che la pronuncia del giudice sulla questione pregiudiziale va decisa con accertamento idoneo al giudicato: si discorre in questi casi di accertamento incidentale *ex lege*. Ad ogni buon conto le ipotesi in cui il legislatore ha imposto che la questione pregiudiziale sia fatta oggetto di decisione non sono particolarmente numerose. Fra esse può essere menzionato, ad esempio, l'art. 124 c.c., il quale prevede che qualora il matrimonio sia impugnato per bigamia, nel caso in cui sia opposta la nullità del primo matrimonio, detta questione deve essere fatta oggetto di decisione.

Invero, non sono mancati tentativi – pur espressione di una opinione minoritaria – volti ad estendere le ipotesi di accertamento incidentale *ex lege* oltre quelle espressamente contemplate dal legislatore. Si è così da taluno affermato che una questione pregiudiziale sarebbe necessariamente oggetto di decisione anche in assenza di una specifica disposizione ogniqualvolta ragioni di carattere sistematico renderebbero inconcepibile una cognizione con effetti limitati al giudizio: si discorre in questa prospettiva di accertamento incidentale *ex sistema* (Oriani, Proto Pisani).

1.3 QUESTIONI PREGIUDIZIALI E GIUDICATO. L'ORIENTAMENTO PER IL QUALE L'ACCERTAMENTO NON SI ESTENDE ALLE QUESTIONI PREGIUDIZIALI

Quando si esuli dalle ipotesi di accertamento incidentale *ex lege*, si impone di determinare se e a quali condizioni una questione pregiudiziale sia oggetto di decisione e non di semplice cognizione *incidenter tantum*, problema al quale le soluzioni prospettate sono state varie.

Secondo una prima e più restrittiva tesi, l'accertamento sarebbe limitato alla pretesa fatta valere con la domanda giudiziale e non si estenderebbe alle questioni pregiudiziali. Questo approccio affonda le radici nel pensiero di Chiovenda, in specie al § 16 delle *Istituzioni* e ha trovato autorevoli sostenitori anche a seguito dell'entrata in vigore del codice di rito del 1942 (Liebman, Ricci, Attardi, Consolo). In questa prospettiva si confina l'effetto vincolante della decisione entro i limiti del diritto sostanziale dedotto nel processo, rimanendo le questioni pregiudiziali conosciute in via incidentale. Non sarebbe, però, precluso estendere ad esse l'accertamento, ma – salvi i casi di accertamento incidentale *ex lege* – si imporrebbe la domanda di parte, idonea a trasformare la questione pregiudiziale in causa pregiudiziale; domanda in assenza della quale dette questioni rimarrebbero conosciute *incidenter tantum*. Ciò peraltro a prescindere che la questione pregiudiziale sia risolta in senso positivo o in senso negativo, con rigetto della domanda sul diritto dipendente.

Questo orientamento trova conferma nel dato positivo, precisamente nell'art. 34 c.p.c., il quale non si limiterebbe a dettare una norma in tema di competenza, ma sancirebbe altresì il principio per il quale le questioni pregiudiziali in assenza di domanda di parte sono conosciute in via incidentale. Se, per contro, la questione pregiudiziale sia fatta oggetto di domanda di accertamento incidentale si trasformerebbe da questione pregiudiziale in causa pregiudiziale e dovrebbe essere decisa con accertamento idoneo al giudicato sostanziale, sì da escludersi che su di essa si possa pronunciare un giudice incompetente.

Vero è, però, che una applicazione rigorosa di questi principi rischia di condurre a soluzioni incongruenti. Si pensi, ad esempio, al caso in cui in un giudizio abbia ad oggetto il pagamento del prezzo di un contratto di compravendita e nel secondo si discuta dell'obbligo di consegna della cosa compravenduta. Ammettere che solo il diritto, oggetto di domanda, sia coperto dalla cosa giudicata significa riconoscere che, in un successivo giudizio, si potrà discutere della nullità del contratto di compravendita, da cui la pretesa fatta valere dall'attore origina, con il risultato di ammettere un conflitto semi-pratico tra giudicati. Il primo, che accerta l'esistenza del diritto al pagamento del corrispettivo sul presupposto che il contratto di compravendita sia valido, e il secondo che nega in radice la validità di quel contratto. L'esigenza di evitare simili scenari ha indotto gli interpreti a introdurre alcuni correttivi, con particolare riferimento ai giudizi relativi a rapporti di natura sinallagmatica. Si è dunque affermato, ad esempio, che qualora sia dedotto in giudizio "un diritto principale e fondamentale o centrale" di un rapporto giuridico complesso, allora "deve ritenersi che oggetto della domanda e del giudicato senza altro e direttamente, insieme col diritto fatto valere in giudizio, anche" sia l'intero rapporto giuridico complesso (Chiovenda).

1.4 *SEGUE*: ...E QUELLO CHE AMMETTE, A DETERMINATE CONDIZIONI, IL GIUDICATO SULLE QUESTIONI PREGIUDIZIALI IN ASSENZA DI DOMANDA

Un opposto orientamento muove da una differente lettura dell'art. 34 c.p.c., negando che siffatta disposizione sancisca la *mera cognitio* sulle questioni pregiudiziali in assenza di previsione di legge o domanda di parte. L'art. 34 c.p.c. sarebbe una norma esclusivamente sulla competenza (Denti, Taruffo), che imporrebbe la rimessione al giudice superiore di tutta la causa quando la questione pregiudiziale vada decisa per legge con efficacia di giudicato per il caso in cui il giudice adito non sia competente su di essa. Quando, invece, la legge non imponga l'accertamento incidentale *ex lege* la questione pregiudiziale sarebbe decisa con efficacia di giudicato ovvero conosciuta *incidenter tantum*, secondo che il giudice adito abbia o non abbia competenza sulla stessa: se la questione rientra nella competenza del giudice, l'accertamento sarebbe idoneo all'incontrovertibilità del giudicato e vincolerebbe le parti in futuri giudizi a prescindere dalla domanda di parte; se la questione esula dalla competenza del giudice, essa sarebbe conosciuta in via meramente incidentale e la domanda di accertamento incidentale sarebbe necessaria esclusivamente in ordine a questioni in tema di competenza. La formazione del giudicato sulla questione pregiudiziale, tuttavia, non discenderebbe, secondo questa impostazione, esclusivamente dal fatto che il giudice sia munito di competenza in ordine ad essa, dovendo ricorrere altre condizioni, quali l'effettiva discussione delle parti delle questioni, la necessità che l'accertamento non sia stato sommario, la circostanza che la questione costituisca *ratio decidendi* della decisione (Pugliese, Taruffo).

Questo orientamento si distingue da quello "restrittivo" sopra illustrato sotto un altro rilevante aspetto: le questioni pregiudiziali idonee a essere decise con attitudine al giudicato sostanziale non sarebbero solo quelle "in senso stretto", osservandosi che "il giudicato può formarsi sulla decisione di ogni questione (idonea o meno a costituire oggetto di un autonomo giudizio) che presenti, nel contesto di ciò che costituisce materia di decisione, il carattere della pregiudizialità consistente nella sua potenziale idoneità a definire il giudizio" (Taruffo).

1.5 *SEGUE*: ...E QUELLO CHE DISTINGUE, AI FINI DELL'ESTENSIONE DEL GIUDICATO, FRA PREGIUDIZIALITÀ LOGICA E PREGIUDIZIALITÀ TECNICA

Il rifiuto della tesi che confina il giudicato – in assenza di previsione di legge o di domanda di parte – al diritto azionato, è stato condiviso da altra parte della dottrina, sulla base di premesse diverse da quelle dell'orientamento da ultimo richiamato. In questa prospettiva il tema dei limiti oggettivi sulle questioni pregiudiziali riguarda esclusivamente le questioni pregiudiziali "in senso stretto" e, in particolare, la possibilità che l'accertamento si estenda al rapporto fondamentale da cui origina il diritto azionato.

Questo orientamento muove dall'idea della strumentalità della giurisdizione rispetto al diritto sostanziale, ritenendosi che non si possa disarticolare una situazione giuridica unitaria, ignorando i collegamenti funzionali che legano in modo indissolubile gli effetti giuridici. Non si nega che l'art. 34 c.p.c. svolga un ruolo nella determinazione dei limiti oggettivi del giudicato e che da esso si possa ricavare la regola che il giudicato non copre – in assenza di previsione di legge o domanda di parte – le questioni pregiudiziali; si ritiene però che all'interno della categoria delle questioni pregiudiziali sia necessario svolgere una distinzione (Satta, Menchini, Proto Pisani, Luiso).

Da un lato vi sarebbero le questioni pregiudiziali c.d. tecniche, che si ravviserebbero quando la questione pregiudiziale è elemento costitutivo del diritto dipendente oggetto della domanda. A titolo esemplificativo, si può pensare alla domanda formulata dal figlio per gli alimenti, ove la qualità di figlio costituisce questione pregiudiziale in senso tecnico oppure alla domanda di risarcimento che può essere formulata contro il proprietario di un veicolo che, a mente dell'art. 2054 c.c., risponde dei danni derivanti dalla circolazione, ove la proprietà del veicolo in capo al convento è elemento costitutivo del diritto al risarcimento nei suoi confronti. D'altro lato, si potrebbero individuare le questioni pregiudiziali c.d. logiche, che si avrebbero quando viene fatta valere in giudizio una singola pretesa di un rapporto giuridico complesso: si pensi ad esempio, ai rapporti di vendita, società, locazione rispetto ai singoli effetti giuridici che li compongono oppure agli obblighi (restitutori, risarcitori etc.) che derivano dalla loro violazione.

Posta questa distinzione, i fautori di questo orientamento osservano che l'art. 34 c.p.c. sarebbe norma in bianco: essa si riferirebbe solamente alle questioni pregiudiziali c.d. tecniche, che dunque verrebbero decise con idoneità al giudicato solo in presenza di domanda di parte o di previsione di legge. In relazione alle questioni pregiudiziali c.d. logiche varrebbero per contro regole differenti.

Nel caso di accoglimento della domanda, la pronuncia sulla domanda di adempimento renderebbe incontrovertibile l'accertamento dell'esistenza, validità e qualificazione del rapporto giuridico cui il diritto o l'obbligo accedono, per taluni solo in caso di contestazione di detto rapporto (Satta), per altri indipendentemente da ogni contestazione (Menchini, Luiso). Sarebbe così precluso ad entrambe le parti di contestare in futuri giudizi, anche a differenti effetti, la sussistenza e la natura giuridica del rapporto riconosciuto, nonché la validità dello stesso. Per esempio, a fronte della domanda al pagamento di 100 sulla base di un contratto di locazione, in caso di accoglimento della domanda, la decisione renderebbe incontrovertibile non solo il credito riconosciuto, ma anche l'esistenza, validità e qualificazione del contratto, che non potrà essere messo in discussione in successivi giudizi.

Nel caso di rigetto, invece, il quadro sarebbe più complesso, perché la decisione potrebbe vuoi fondarsi su questioni che attengono al titolo o al rapporto fondamentale, vuoi riguardare direttamente il diritto per il quale è chiesta la tutela. Nel primo caso, perché sia negata l'esistenza del rapporto fondamentale o perché ne sia offerta qualificazione incompatibile con il diritto fatto valere o ancora perché ne sia accertata la nullità. In tutte queste ipotesi, in linea di principio si sostiene la vincolatività della statuizione del giudice.

Nel secondo caso, si potrebbe, ad esempio, avere l'accoglimento di un'eccezione di prescrizione o di pagamento. In siffatta evenienza non è peraltro detto che il giudice si occupi del rapporto fondamentale, potendo decidere direttamente una questione assorbente che ne sta "a valle" in forza del principio della ragione più liquida. Tuttavia, in caso di rigetto, il fatto che il giudice si sia o meno occupato del rapporto fondamentale non appare necessariamente rilevante, in quanto non riguarda il motivo che ha portato al rigetto della domanda. Ciò che conterebbe dunque è solo il c.d. "motivo portante", sicché la portata precettiva della decisione andrebbe determinata sulla base della questione, la cui risoluzione è causale rispetto ad essa.

1.6 GLI ORIENTAMENTI DELLA GIURISPRUDENZA

Anche la giurisprudenza si è mostrata incline ad una estensione dei limiti oggettivi del giudicato. Talvolta si richiama alla tesi della pregiudizialità c.d. logica, talaltra invoca il principio, di creazione pretoria, per il quale il giudicato copre gli accertamenti che si presentano come presupposti logico-necessari della decisione, arrivando anche ad affermare che gli antecedenti logico-necessari, anche se non espressamente esaminati, sarebbero oggetto di giudicato, in specie di giudicato implicito.[1]

L'impressione è però che la giurisprudenza approcci al problema senza una vera e propria coerenza sistematica. Non sono rare, ad esempio, le pronunce della Corte di cassazione, che richiamandosi al principio dell'antecedente logico-necessario, approdano ad affermazioni che vanno ben oltre l'estensione del giudicato alle questioni pregiudiziali "in senso stretto", affermando che "«può costituire oggetto di giudicato soltanto la situazione di fatto che si pone come antecedente logico-necessario della pronuncia resa sul fatto costitutivo» (Cass. 17 aprile 2018, n. 9409) ovvero che «l'autorità del giudicato copre il fatto accertato anche in relazione ad ogni

---

1. La giurisprudenza ha esteso i principi in tema di giudicato implicito anche al decreto ingiuntivo non opposto (cfr., fra le molte, Cass. 28 novembre 2017, n. 28318), vale a dire ad un provvedimento di condanna che può essere emesso *inaudita altera parte* su ricorso del creditore, sussistendo i presupposti di cui all'art. 633 c.p.c. e che il debitore può opporre entro quaranta giorni dalla sua notificazione, divenendo in difetto di opposizione definitivo, salva la possibilità di opposizione successiva alla scadenza del termine solo qualora il debitore non abbia avuto conoscenza del decreto ingiuntivo per irregolarità della notificazione, caso fortuito o forza maggiore. Si è posto il problema se, nel caso di decreto ingiuntivo non opposto, il giudicato copra anche la non nullità delle clausole del contratto che sia stato posto alla base della domanda e solo implicitamente esaminate dal giudice, quand'anche si tratti di clausole abusive fra professionista e consumatore, la cui disciplina interna (artt. 33 ss. cod. consumo) è implementazione della Direttiva 93/13/CEE del Consiglio delle Comunità Europee. La questione è stata oggetto di rinvio pregiudiziale da parte del Tribunale di Milano alla Corte di Giustizia dell'Unione Europea, la quale è intervenuta con la sentenza del 17 maggio 2022, nelle cause riunite C-693/19 e C-831/19, affermando che gli artt. 6, par. 1 e 7, par. 1, della predetta Direttiva «devono essere interpretati nel senso che ostano a una normativa nazionale la quale prevede che, qualora un decreto ingiuntivo emesso da un giudice su domanda di un creditore non sia stato oggetto di opposizione proposta dal debitore, il giudice dell'esecuzione non possa – per il motivo che l'autorità di cosa giudicata di tale decreto ingiuntivo copre implicitamente la validità delle clausole del contratto che ne è alla base, escludendo qualsiasi esame della loro validità – successivamente controllare l'eventuale carattere abusivo di tali clausole. La circostanza che, alla data in cui il decreto ingiuntivo è divenuto definitivo, il debitore ignorava di poter essere qualificato come "consumatore" ai sensi di tale direttiva è irrilevante a tale riguardo». Si tratta di una pronuncia dirompente, destinata a sollevare – unitamente ad altra contestuale (cfr. CGUE 17 maggio 2022, in C-600/19) – complessi interrogativi in tema di giudicato.

altro effetto giuridico che da esso ne derivi nell'ambito del rapporto obbligatorio tra le stesse parti" (Cass. 28 novembre 2017, n. 28415).

In questo quadro si inserisce un importante intervento delle Sezioni Unite del 2014, le quali con le sentenze nn. 26242 e 26243 hanno confermato il *favor* per l'estensione del perimetro del giudicato oltre il diritto azionato. L'intervento delle Sezioni Unite era stato sollecitato al fine di risolvere la questione se a fronte di un'azione di impugnativa contrattuale il giudice fosse obbligato a rilevare *ex officio* la nullità del contratto, ma la Corte si è spinta oltre, enunciando alcuni principi centrali in tema di limiti oggettivi del giudicato. Il problema posto a fondamento della rimessione alle Sezioni Unite è stato risolto nel senso di riconoscere in capo al giudice il dovere di rilevare la nullità contrattuale in ogni caso, sia che venga domandato l'adempimento del contratto, sia a fronte di una domanda di impugnativa dello stesso. Sulla scorta di questa premessa, la Cassazione si è confrontata con il problema se la pronuncia sulla nullità o non nullità del contratto sia vincolante in successivi giudizi.

Non è possibile in questa sede ripercorrere tutti passaggi e gli scenari esaminati dalle sentenze in parola. Merita però dare conto di alcuni punti di particolare interesse. Secondo le Sezioni Unite si dovrebbe anzitutto distinguere tra il caso in cui vi sia domanda di parte e quello in cui la domanda manchi. Nella prima ipotesi il giudice procederebbe alla "dichiarazione/accertamento" della nullità o della non nullità del contratto, dandone conto nel dispositivo, con una pronuncia che sarebbe idonea al giudicato sostanziale. Nella seconda il giudice, pur dovendo prendere posizione d'ufficio sulla nullità, si limiterebbe alla "rilevazione/indicazione" della stessa in motivazione. L'aspetto che qui interessa riguarda l'attitudine di una siffatta statuizione, resa in assenza domanda di parte, all'incontrovertibilità del giudicato.

Le Sezioni Unite propendono per riconoscerne la vincolatività in successivi giudizi, ma, pur dando atto della esistenza dell'orientamento giurisprudenziale che si rifà al concetto di pregiudizialità logica, si richiamano, a sostegno di tale affermazione, alla teoria del c.d. "motivo portante" elaborata da una parte della dottrina tedesca (Zeuner) e alla quale, peraltro, non sono mancate nella dottrina italiana serie critiche (Vullo). La Cassazione afferma al riguardo che "L'accertamento vincola in altri processi se le parti lo hanno voluto, nel rispetto del principio dispositivo, ovvero se, nel nuovo processo, si discuta di un effetto giuridico non solo dipendente, ma inscindibilmente legato per ragioni di funzionalità sostanziale con l'effetto su cui si è già deciso" (Cass. n. 26242/14, § 5.8.2).

Pur in una versione più *"flat"* (Consolo-Godio), la Corte si ispira alla teoria zeuneriana per la quale la stabilizzazione dell'accertamento si produce su tutti gli effetti giuridici collegati fra loro da un nesso teleologico, su tutte le pretese legate da un unico vincolo al motivo portante, da una relazione di interdipendenza: un vincolo selettivo che varrebbe quando nel successivo giudizio si discuta di un effetto inscindibilmente legato per ragioni di funzionalità sostanziale con quello già deciso. Nel caso in cui il giudice rilevi la nullità, in assenza di domanda di parte, la pronuncia del giudice sarebbe dunque, a determinate condizioni, vincolante in altri giudizi, ma – puntualizzano le Sezioni Unite – la decisione non avrebbe effetti nei confronti dei terzi e non sarebbe trascrivibile.

Quest'ultima precisazione è stata foriera di seri dubbi interpretativi.

Il tentativo di importare nell'ordinamento italiano la teoria del c.d. motivo portante, sostenendo un vincolo preclusivo della pronuncia sulla nullità contrattuale, a prescindere dalla domanda di parte, sollecita l'interrogativo, quale sia l'effettiva natura dell'effetto preclusivo. Gli interpreti sono divisi quanto alla portata da attribuire alle affermazioni della Suprema Corte: v'è chi ritiene che si formerebbe un vero e proprio giudicato *ex* art. 2909 c.c. (Pagni) e chi assegna a quell'effetto preclusivo il ruolo di mera preclusione extraprocessuale al riesame, fra le parti, della medesima questione (Consolo-Godio, Tiscini).

Le incertezze in ordine alla natura del vincolo escono complicate da ulteriori passaggi della motivazione delle sentenze qui richiamate. Viene infatti affrontato anche il caso in cui il giudice decida una questione che presuppone logicamente la non nullità contratto, senza prendere posizione su quest'ultima, affermando le Sezioni Unite che in questa ipotesi – seppure in linea generale e non senza alcune eccezioni – sulla non nullità del contratto verrebbe a formarsi "giudicato implicito". Ciò che però non viene chiarito è se questo "giudicato implicito" costituisca anch'esso una forma di preclusione e se sia soggetto a quei limiti – la non vincolatività verso terzi – individuati dalla Corte per la pronuncia resa sulla nullità del contratto senza domanda di parte ovvero se si tratti a tutti gli effetti di un vincolo da giudicato sostanziale *ex* art. 2909 c.c.

1.7 RIFLESSIONE CONCLUSIVA

Una considerazione finale. La tesi "restrittiva" che predica il giudicato circoscritto, in assenza di previsione di legge o domanda di parte, al solo diritto azionato si mostra minoritaria tanto in dottrina, quanto in giurisprudenza: pur percorrendo strade differenti e giungendo ad approdi non univoci, l'opinione prevalente appare orientata in altra direzione, dilatando il perimetro dell'accertamento al di là del diritto azionato con la domanda giudiziale.

1.8 BIBLIOGRAFIA ESSENZIALE

ANDRIOLI, Virgilio. *Diritto processuale civile*, I, Napoli: Jovene, 1979; ATTARDI, Aldo. In tema di questioni pregiudiziali e giudicato. In: *Studi in memoria di Enrico Guicciardi*, I, Padova: Cedam, 1973, 186 ss.; ATTARDI, Aldo. *Diritto processuale civile*, I, Padova: Cedam, 1994; CHIOVENDA, Giuseppe. *Istituzioni di diritto processuale civile*, I, 2, Napoli: Jovene, 1935; ATTARDI, Aldo. In tema di limiti oggettivi della cosa giudicata. *Rivista trimestrale di diritto e procedura civile*, 1990, 475 ss.; CERINO CANOVA, Augusto. La domanda giudiziale e il suo contenuto. In: ALLORIO, Enrico (a cura di). *Commentario del codice di procedura civile*, II, 1, Torino: Utet, 1980, 3 ss.; CHIZZINI, Augusto. *La revoca dei provvedimenti di volontaria giurisdizione*. Padova: Cedam, 1994; CONSOLO, Claudio. Oggetto del giudicato e principio dispositivo. Dei limiti oggettivi e del giudicato costitutivo (Parte I). *Rivista trimestrale di diritto e procedura civile*, 1991, 225 ss.; CONSOLO, Claudio. *Domanda giudiziale*. In: *Dig. it.*, *disc. priv.*, sez. civ., VIII, Torino: Utet, 1991; CONSOLO, Claudio-GODIO, Federica. Patologia del contratto e (modi dell') accertamento processuale. *Corriere giuridico*, 2015, 225 ss.; DALLA BONTÀ, Silvana. *L'introduzione della causa tra sostanziazione e individuazione*. Napoli: Edizioni Scientifiche Italiane, 2018; DALLA BONTÀ, Silvana. Una "benefica inquietudine". Note comparative in tema di oggetto del giudicato nella giurisprudenza alla luce delle tesi zeuneriane. *Giusto processo civile*, 2011, 891 ss.; DELLE DONNE, Clarice. "Giudicato implicito" vs giusto processo: a che punto è la notte? *Judicium*, 2021, 109 ss.; DENTI, Vittorio. *Questioni pregiudiziali*. In: *Dig. it.*, *disc. priv.*, sez. civ., XVI, Torino: Utet, 1997; LIEBMAN, Enrico Tullio. *Manuale di diritto processuale civile*, I, 4ª ed. Milano: Giuffré, 1981; LOCATELLI, Francesca. *L'accertamento incidentale ex lege: profili*. Milano: Giuffrè, 2008; LUISO, Francesco Paolo. *Diritto processuale civile*, I, 9ª ed. Milano: Giuffrè, 2020; MENCHINI, Sergio. *I limiti oggettivi del giudicato civile*. Milano, 1987; MENCHINI, Sergio. Le Sezioni Unite fanno chiarezza sull'oggetto dei giudizi di impugnativa negoziale: esso è rappresentato dal rapporto giuridico scaturito dal contratto. *Foro italiano*, 2015, I, 931 ss.; MENCHINI, Sergio. *Il giudicato civile*, 2ª ed. Torino: Utet, 2002; MENCHINI, Sergio-MOTTO, Alessandro. Cosa giudicata. Della tutela dei diritti. In: Gabrielli, Enrico (diretto da). *Commentario codice civile*. Milano: Wolters Kluwer, 2016, 21 ss.; MERLIN, Elena. *Elementi di diritto processuale civile. Parte generale*. Pisa: Pacini Editore, 2017; MONTESANO, Luigi. In tema di accertamento incidentale e di limiti del giudicato. *Rivista di diritto processuale*, 1951, I, 329 ss.; NAPPI, Pasquale. Osservazioni sulla domanda di accertamento incidentale di questione pregiudiziale. *Giusto processo civile*, 2017, 711 ss.; NARDO, Giulio Nicola. La cosa giudicata sostanziale. In: DITTRICH, Lotario (a cura di). *Trattato di diritto processuale civile*, I, Milano: Wolters Kluwer, 2019, 2875 ss.; ORIANI, Renato. *Eccezione*. In: *Dig. it.*, *disc. priv.*, sez. civ., VII, Torino: Utet, 1991; PAGNI, Ilaria. Il sistema delle impugnative negoziali dopo le Sezioni Unite. *Giurisprudenza italiana*, 2015, 71 ss.; PILLONI, Monica. *Profili processuali della domanda di accertamento incidentale*. Torino: Giappichelli, 2020; PROTO PISANI, Andrea. Appunti sul giudicato civile e sui suoi limiti oggettivi. *Rivista di diritto processuale*, 1990, 386 ss.; PROTO PISANI, Andrea. *Lezioni di diritto processuale civile*. 6ª ed. Napoli: Jovene, 2014; RICCI, Edoardo Flavio. *Accertamento giudiziale*. In: *Dig. it.*, *disc. priv.*, sez. civ., I, Torino: Utet, 1987; PUGLIESE, Giovanni. *Giudicato civile (dir. vig.)*. In: *Enc. dir.*, XVIII, Milano: Giuffrè, 1969; SATTA, Salvatore. *Accertamento incidentale*. In: *Enc. dir.*, I, Milano: Giuffrè, 1958, 243 ss.; TISCINI, Roberta. Itinerari ricostruttivi intorno a pregiudizialità tecnica e logica. *Giustizia civile*, 2016, 571 ss.; TARUFFO, Michele, Collateral estoppel e giudicato sulle questioni. *Rivista di diritto processuale*, 1972, 272 ss.; VERDE, Giovanni. Brevi considerazioni su cognizione incidentale e pregiudizialità. *Rivista di diritto processuale*, 1989, 175 ss.; VOLPINO, Diego. *L'oggetto del giudicato nell'esperienza americana*. Padova: Cedam, 2007; VULLO, Enzo. *La domanda riconvenzionale nel processo ordinario di cognizione*. Milano, 1995; ZEUNER, Albrecht. *Die Objektiven Grenzen der Rechtskraft im Rahmen rechtlicher Sinnzusammenhänge*. Tübingen: Mohr Siebeck, 1959.

2
BREVES CONSIDERAÇÕES SOBRE O TEMA DOS LIMITES OBJETIVOS DA COISA JULGADA[2]

Martino Zulberti

Professor pesquisador na *Università degli Studi di Milano*.

Sumário: 1.1 Premissa – 1.2 O acertamento incidental *ex lege* – 1.3 Questões prejudiciais e coisa julgada. A orientação em que o acertamento não se estende às questões prejudiciais – 1.4 *Continua:* ... e aquela que, sob determinadas condições, admite a coisa julgada sobre questões prejudiciais na ausência de demanda – 1.5 *Continua:* ... e aquela que distingue, para os fins de extensão da coisa julgada, entre prejudicialidade lógica e prejudicialidade técnica – 1.6 As orientações da jurisprudência – 1.7 Reflexão conclusiva – 1.8 Bibliografia essencial.

Arquivo *on-line*

---

2. Texto traduzido por Érico Andrade, Professor de Direito Processual Civil da UFMG.

3
EXTENSÃO DOS LIMITES DA COISA JULGADA ÀS QUESTÕES PREJUDICIAIS

Paulo Henrique dos Santos Lucon

Professor-Associado da Faculdade de Direito do Largo de São Francisco – USP.

Sumário: 2.1 Contraditório e sua função integrativa, definitória e bloqueadora – 2.2 Contraditório como requisito para extensão dos limites objetivos da coisa julgada às questões prejudiciais – 2.3 Síntese conclusiva.

2.1 CONTRADITÓRIO E SUA FUNÇÃO INTEGRATIVA, DEFINITÓRIA E BLOQUEADORA

A concepção de processo como procedimento em contraditório[1] ressalta o caráter estrutural dessa norma para o instrumento estatal de resolução de controvérsias.[2] Ausente contraditório, inexiste processo. O contraditório, portanto, pode ser considerado exemplo de norma a induzir comportamentos mesmo não havendo um dispositivo específico que lhe seja diretamente correspondente. "Em alguns casos há normas mas não há dispositivo. Quais são os dispositivos que preveem os princípios da segurança jurídica e da certeza do Direito? Nenhum. Então há normas, mesmo sem dispositivos específicos que lhes deem suporte físico".[3]

Se há contraditório, mas este não é respeitado como deveria, está-se, então, diante de um processo que não pode ser definido como justo.[4] De acordo com a atual configuração do Estado Constitucional brasileiro, não se pode conceber que qualquer

---

1. Ver: FAZZALARI, Elio. *Istituzioni di diritto processuale civile*. 8. ed. Padova, Cedam, 1996. p. 29.
2. Ver, a respeito da função do contraditório: LUCON, Paulo Henrique dos Santos. Motivação das decisões jurídicas e o contraditório: identificação das decisões imotivadas de acordo com o NCPC. *Revista do Advogado*, ano XXXV, n. 126, maio 2015, p. 169-174, esp. p. 169-172.
3. ÁVILA, Humberto. *Teoria dos princípios*. 10. ed. São Paulo: Malheiros, 2009, cap. 2, n. 2.1, p. 30-31. Ver, nesse mesmo sentido: "la causa giustificatrice del principio del contraddittorio si rinviene nel normale carattere bilaterale della domanda che ha per destinatari il giudice e colui nei cui confronti chi propone la domanda pretende che il provvedimento richiesto produca i suoi effetti. La legge dialettica cui è ispirato il processo imprime carattere recettizio alla domanda, nel senso che il provvedimento non può essere emanato se la domanda non è stata portata a conoscenza sia del giudice sia della controparte" (PISANI, Andrea Proto. *Lezioni di diritto processuale civile*. 5. ed. Napoli: Jovene, 2012, cap. V, n. 3. p. 200 e ss.).
4. A doutrina italiana se ocupa deste tema em especial por conta do art. 111 de sua Constituição. Nesse sentido, ver: "se, allora, l'accento cade – più che sulle caratteristiche di completezza o sui profile di analiticità della rispettiva regolamentazione per legge – sulla variabile (cioè, maggiore o minore) 'effettività' dell'attuazione di quelle garanzie minime, ne deriva un'importante conseguenza. Qualsiasi 'processo' (o modelo e tipo di 'processo') è (o puo essere) 'giusto', solo se ed in quanto la 'legge' vi abbia previsto e comunque 'regolato' un'adeguata attuazione di tutte quelle condizioni minime coessenziali, che (in base all'art. 111, secondo

decisão judicial, independentemente da matéria nela versada, inclusive aquelas que versem a respeito de questões cognoscíveis de ofício, seja tomada sem prévia manifestação das partes a respeito, exceção feita as hipóteses de contraditório postecipado ou diferido que autorizam a concessão da tutela de urgência e da evidência em prol da efetividade da jurisdição.

A diretriz imposta pelo contraditório há de ser observada em todo e qualquer processo, independentemente da fase ou do grau de jurisdição em que ele se encontra. O destinatário por excelência do contraditório é o juiz, que deve observá-lo a todo o momento ao longo do arco procedimental. Eventual infringência ao contraditório não permite o exercício da ampla defesa e provoca violação frontal à garantia do devido processo legal. É certo que o contraditório é pautado pelo binômio informação-reação, mas enquanto a informação deve estar sempre presente, a reação é eventual e depende da iniciativa da parte, nunca de um ato de poder, que seria absolutamente ilegítimo. Assim, poder-se-ia definir mais precisamente o contraditório pelo binômio *informação necessária-reação possível*. Por isso, a citação, por exemplo, assume um papel de extrema relevância no processo civil, pois ela viabiliza o contraditório. Nulidade e inexistência de citação são vícios tão graves, portanto, que podem ser aduzidos a qualquer tempo no processo, e até mesmo após o trânsito em julgado por meio de ação autônoma (ação declaratória de inexistência de relação jurídica processual).[5]

O contraditório está, portanto, precisamente no direito de participação no processo com a utilização de todos os meios legítimos e disponíveis destinados a convencer o julgador a outorgar uma decisão favorável a quem tem direito. A defesa em juízo é garantia do contraditório e a igualdade de armas assume o valor de condição de legitimidade constitucional da norma processual. Deve-se sempre ter em mente que o postulado do *due process of law*, do qual os princípios do contraditório e da ampla defesa são corolários, há de ser sempre observado. Não se pode conceber um processo unilateral, em que somente uma parte age no sentido de obter vantagem em relação ao adversário, sem que este apresente suas razões ou, pelo menos, sem que se lhe dê efetiva oportunidade de manifestar-se. Fundamentalmente, o processo é caracterizado pelo contraditório estabelecido no procedimento adequado às particularidades impostas pelo direito material, sendo a participação assegurada aos interessados por meio do exercício das faculdades e poderes que integram a relação jurídica processual.

Enquanto princípio jurídico,[6] o contraditório produz efeitos sobre outras normas jurídicas de forma direta e indireta. Por conta da eficácia direta os princípios

---

comma) si intendono all'uopo, in termini assoluti e inderogabili, necessarie e sufficienti" (COMOGLIO, Luigi Paolo. *Etica e tecnica del "giusto processo"*. Torino: Giappichelli, 2004, p. 60).

5. Ver: LUCON, Paulo Henrique dos Santos. Garantia do tratamento paritário das partes. *Garantias constitucionais do processo civil*. São Paulo: Ed. RT, 1999, n. 5, p. 102-108.
6. Ver: na definição de Humberto Ávila "os princípios são normas imediatamente finalísticas, primariamente prospectivas e com pretensão de complementariedade e de parcialidade, para cuja aplicação se demanda uma avaliação da correlação entre o estado de coisas a ser promovido e os efeitos decorrentes da conduta havida

exercem uma *função integrativa*, pois agregam elementos não previstos em subprincípios ou regras. Assim, ainda que não haja regra expressa determinando a oitiva das partes a respeito de ato judicial com "potencial" de influir na esfera jurídica de uma delas, deverá ser oportunizada a sua manifestação por conta justamente dessa função integrativa do contraditório.[7] É o que ocorre, por exemplo, nos casos em que os juízes têm de modificar sua própria decisão por conta de algum vício interno a ela (omissão, obscuridade ou contradição). Tal modificação não pode se dar sem a prévia manifestação das partes a respeito. Diz-se "potencial", pois, em hipóteses excepcionais, quando tal característica não se fizer presente, há de ser considerada legítima a dispensa de manifestação da parte. Essa situação se verifica no direito brasileiro com a possibilidade de resolução imediata do processo com o decreto de improcedência no caso de processos repetitivos. O Código de Processo Civil de 2015, seguindo a orientação de valorizar as manifestações dos tribunais, amplia, nesse sentido, o rol de hipóteses que autorizam o julgamento liminar de improcedência do pedido. O art. 333 do Código dispõe que nas causas que dispensem a fase instrutória o juiz independentemente da citação do réu julgará liminarmente improcedente o pedido que: i) contrariar súmula do Supremo Tribunal Federal ou do Superior Tribunal de Justiça; ii) contrariar acórdão proferido pelo Supremo Tribunal Federal ou pelo Superior Tribunal de Justiça em julgamento de recursos repetitivo;[8] iii) contrariar entendimento firmado em incidente de resolução de demandas repetitivas ou de assunção de competência; iv) for manifestamente improcedente por contrariar o ordenamento jurídico e; v) contrariar enunciado de súmula de tribunal de justiça sobre o direito local.

Ao contrário do que possa parecer a partir de uma primeira análise, referido dispositivo não viola o contraditório, mas disciplina hipótese de verdadeiro julgamento antecipadíssimo do mérito, já que antes mesmo da citação o julgador profere sentença inaudita altera parte. O contraditório é, então, nesses casos, apenas diferido para o caso de o autor apelar. Esse dispositivo é aplicável quando a matéria controvertida

---

como necessária à sua promoção" (*Teoria dos princípios*. 10. ed. São Paulo: Malheiros, 2009, cap. 2, n. 2.4.3, pp. 78-79).

7. Ver: ÁVILA, Humberto. *Teoria dos princípios*. 10. ed. São Paulo: Malheiros, 2009, cap. 2, n. 2.4.8.1.2, p. 97 e ss.

8. Ver: no direito brasileiro há previsão legal que autoriza o julgamento por amostragem de processos repetitivos no âmbito do Supremo Tribunal Federal (CPC/73, art. 543-B; CPC/2015, art. 1.036) e do Superior Tribunal de Justiça (CPC/73, art. 543-C; CPC/2015, art. 1.036). Assim, quando houver multiplicidade de recursos com fundamento em idêntica questão de direito, caberá ao presidente ou o vice-presidente do tribunal de origem admitir dois ou mais recursos representativos da controvérsia, os quais serão encaminhados aos Tribunais Superiores, ficando suspensos os demais recursos especiais até o pronunciamento definitivo dos Tribunais Superiores (CPC/2015, art. 1.036, § 1°). O responsável pelo julgamento do recurso no Tribunal Superior ("relator em tribunal superior") poderá também selecionar 2 (dois) ou mais recursos representativos da controvérsia para julgamento da questão de direito independentemente da iniciativa do presidente ou do vice-presidente do tribunal de origem (CPC/2015, art. 1.036, § 5°). Uma vez decididos os recursos afetados, se for o caso, os órgãos colegiados declararão prejudicados os demais recursos versando sobre idêntica controvérsia ou ainda os decidirão aplicando a tese firmada (CPC/2015, art. 1.039, *caput*). Se mantido o acórdão divergente do tribunal de origem, o recurso especial ou extraordinário será remetido ao respectivo tribunal superior (CPC/2015, art. 1.041, *caput*).

for unicamente de direito. Isso não significa que a matéria versada na causa deva ser exclusivamente jurídica; pode a discussão ser de fato e de direito, mas os fatos constitutivos do direito do demandante já devem estar esclarecidos para o julgador em razão de já ter proferido sentença em outros casos absolutamente semelhantes. Nesse caso, o demandante não poderá alegar violação do direito à prova, porque, na convicção do julgador, nada mais há de ser esclarecido ou provado relativamente aos fatos. Assim, os pontos controvertidos devem ser exclusivamente atinentes à matéria jurídica. Se a controvérsia já é conhecidíssima pelo julgador, está ele autorizado a proferir sentença imediata de improcedência. Como está claro, a norma incide em processos repetitivos em que a causa de pedir e o pedido guardam bastante similitude a ponto de o julgador ter elementos suficientes para a rejeição. É claro que o demandante tem a oportunidade em embargos de declaração infringentes ou mesmo na apelação de demonstrar que seu caso não se enquadra naqueles em que deu o tratamento em bloco, isto é, que o processo em concreto é distinto daqueles repetitivos.

Entretanto, se o entendimento do julgador for pela procedência dos pedidos formulados, deve ser necessariamente observado o contraditório, ou seja, não se admite o julgamento antecipado do mérito a favor do demandante sem que se proceda à citação do demandado.[9]

Além dessa eficácia direta, o contraditório, como princípio jurídico, também exerce uma eficácia indireta sobre outras normas jurídicas. Uma dessas funções é a chamada *função definitória*, segundo a qual o contraditório cumpriria o papel de definir, ou seja, delimitar, o comando de um sobreprincípio que lhe é axiologicamente superior.[10] Sob essa ótica, tem-se que o contraditório concretiza vários outros princípios. Assim, por exemplo, o princípio da soberania popular, na medida em que assegura a participação dos cidadãos na administração da justiça. É por isso que uma decisão que não observa o contraditório – uma decisão surpresa – possui natureza antidemocrática. Traçando um paralelo com os outros poderes estatais, pode-se afirmar que se a legitimidade desses agentes decorre da representação popular que se manifesta por meio de eleições periódicas, a legitimidade dos membros do Poder Judiciário está condicionada ao dever de oportunizar a possibilidade de os cidadãos se manifestarem em juízo quando sujeitos ao *imperium* estatal.

Além dessa função definitória, também por conta da eficácia indireta dos princípios, o contraditório desempenha uma *função interpretativa*, uma vez que ele é utilizado na atividade de interpretação de normas construídas a partir de outros textos normativos, restringindo ou ampliando seus sentidos. Por exemplo, o dispositivo do Código de Processo Civil brasileiro que estabelece a presunção de veracidade dos fatos não contestados pelo réu deve ser interpretado com *granus salis*, em especial nos

---

9. Ver: LUCON, Paulo Henrique dos Santos. Novas Tendências na Estrutura Fundamental do Processo Civil. *Revista do Advogado*, ano 26, n. 88, São Paulo, p. 145-172, nov. 2006.
10. Ver: ÁVILA, Humberto. *Teoria dos princípios*. 10. ed. São Paulo: Malheiros, 2009, cap. 2, n. 2.4.8.1.3, p. 98 e ss.

casos em que o réu comparece em juízo *a posteriori*. Nessas hipóteses, em respeito ao contraditório, ao revel, por exemplo, deve ser oportunizado, se não encerrada a fase instrutória, o ônus de produzir as provas que possam eventualmente infirmar as alegações do autor. Se o juiz possui poderes instrutórios para tanto, por que não permitir ao revel que melhor conhece os elementos da controvérsia também o faça? Nesse sentido o Código de Processo Civil de 2015 caminhou bem ao fixar em seu artigo 349 que "ao réu revel será lícita a produção de provas, contrapostas às alegações do autor, desde que se faça representar nos autos a tempo de praticar os atos processuais indispensáveis a essa produção".

Por fim, tem-se que os princípios jurídicos exercem uma *função bloqueadora* que consiste na capacidade de afastar elementos incompatíveis com o estado ideal de coisas a ser por eles promovidos. Desse modo, caso uma determinada regra preveja a concessão de certo prazo para a prática de um ato processual, mas no caso de tal prazo ser incompatível com a natureza do ato a ser praticado, para garantir o regular exercício do contraditório e a efetiva proteção dos direitos do cidadão, um prazo adequado deverá ser garantido pelo juiz em razão dessa função bloqueadora do princípio do contraditório. Aqui o contraditório também exerce sua função definitória, ao prestigiar a igualdade substancial.

Da mesma forma, em virtude dessa função bloqueadora do contraditório, é que se deve considerar não motivada decisão que de alguma maneira impossibilite o exercício do contraditório. Isso ocorrerá quando a parte que sucumbiu ficar impossibilitada de se insurgir contra decisão que lhe foi desfavorável por conta de alguma omissão do julgador que deixou de explicitar como deveria o seu convencimento. Vale dizer, a função bloqueadora do princípio do contraditório faz com que seja considerada imotivada a decisão que leve a parte que sucumbiu a não dispor de informações suficientes para se insurgir contra a decisão que lhe foi desfavorável, e isso se dá quando o juiz desconsidera ou se descola dos fatos e das particularidades do caso em análise. A motivação e o contraditório, portanto, estão interligados de modo que a primeira não pode ser considerada adequada se o segundo não puder ser exercido.

Dadas essas reconhecidas funções do contraditório; este ensaio igualmente examinará certas modalidades de tutela que o Código de Processo Civil de 2015 confere a esse princípio. Enquanto norma fundamental do processo, assegurada pela Constituição Federal (art. 5º, inc. LV), o contraditório demanda concretização a ser levada a cabo tanto pelo legislador, quando da elaboração das normas gerais, quanto pelo julgador, quando da fixação da norma individual e concreta. Nesse sentido, tem-se que o Código cumpre a missão que dele se espera. Para demonstrar tal assertiva, serão analisadas três passagens da nova legislação que bem revelam o tratamento adequado e efetivo dispensado ao contraditório. Constituem, portanto, objeto de nossa investigação: a vedação às chamadas decisões-surpresa, o contraditório como requisito para extensão dos limites objetivos da coisa julgada às questões prejudiciais e a identificação das decisões imotivadas. São três pontos aparentemente autônomos, mas que lidos em conjunto se complementam e formam um verdadeiro microssistema em torno do contraditório: a vedação à decisão-surpresa tutela o contraditório sob a ótica do direito à participação dos jurisdicionados na construção do provimento judicial; o contraditório como requisito para extensão dos limites objetivos da coisa julgada destaca esse princípio como fator que legitima a imutabilidade de uma decisão; e o respeito ao contraditório na motivação das decisões jurídicas ressalta a função de controle e limitação que esse princípio exerce sobre o poder estatal.

2.2 CONTRADITÓRIO COMO REQUISITO PARA EXTENSÃO DOS LIMITES OBJETIVOS DA COISA JULGADA ÀS QUESTÕES PREJUDICIAIS

O contraditório, como visto, deve se fazer presente em todas as fases do procedimento. Se respeitado, portanto, esse imperativo do devido processo legal, às partes será assegurada participação na construção de todo e qualquer pronunciamento judicial. Nas sentenças judiciais de mérito, enquanto a decisão contida no elemento dispositivo atribui a uma das partes o direito que entre elas é controvertido, resolvendo, com isso, a crise de direito material que as levou a agirem em juízo, as decisões contidas no elemento lógico da sentença versam a respeito de diversas questões, algumas relacionadas com o próprio processo (pressupostos e requisitos de admissibilidade) e outras atinentes ao direito material e que estão ligadas ao mérito do processo por uma relação lógica de anterioridade. Antes de decidir a questão principal do processo o juiz resolve uma série mais ou menos extensa de questões que preparam o caminho para a decisão final. Essas são as chamadas "questões prévias". Sob o ponto de vista lógico o critério de distinção entre as questões prejudiciais e as questões preliminares é encontrado no tipo de influência exercido por uma dessas questões na solução final da causa. A qualificação de prejudicial é dada às questões "de cuja solução dependa o teor ou conteúdo da solução de outras"; enquanto, a expressão "preliminar" é atribuída "aquelas de cuja solução vá depender a de outras não no seu modo de ser, mas no seu próprio ser, isto é, para aquelas que, conforme o sentido em que sejam resolvidas, oponham ou, ao contrário, removam um impedimento a solução de outras, sem influírem, no segundo caso, sobre o sentido em que estas outras hão de ser resolvidas".[11]

Não obstante o fato de o respeito ao contraditório por si só já assegurar a participação das partes nos debates em torno das questões prejudiciais, e tirante a constatação de que tais questões são conhecidas pelo magistrado como se questões principais fossem, dada a influência que exercem no resultado do julgamento do mérito da demanda,[12] o legislador brasileiro até então optara por não atribuir a essas questões a autoridade de coisa julgada.

---

11. Ver: BARBOSA MOREIRA, José Carlos. *Questões prejudiciais e coisa julgada*. Rio de Janeiro: Borsoi, 1967.
12. Ver: como afirma Bruno Vasconcelos Carrilho Lopes "não faz sentido afirmar que uma decisão foi proferida com cognição exauriente sem pressupor que os fundamentos que determinam o resultado do julgamento sustentam-se em cognição de idêntico grau" (*Limites objetivos e eficácia preclusiva da coisa julgada*. São Paulo: Saraiva, 2012, p. 71).

Segundo Barbosa Moreira, a restrição da coisa julgada ao elemento dispositivo da sentença se justificaria pelas seguintes razões: i) *respeito ao princípio da demanda*: "quem pede um pronunciamento sobre a relação condicionada nem sempre tem interesse em ver transpostos os limites em que, de caso pensado, confinou o *thema decidendum*, sem que, por outro lado, se possa contrapor ao da parte qualquer interesse público dotado de força bastante para tornar necessária a produção do efeito que ela quis evitar. A parte pode estar despreparada para enfrentar uma discussão exaustiva da questão subordinante, v.g., por não lhe ter sido possível, ainda, coligir todas as provas que, potencialmente, a favoreceriam, e no entanto, achar-se na contingência, por este ou aquele motivo, de ajuizar desde logo a controvérsia subordinada, em relação à qual já dispõe dos elementos indispensáveis";[13] ii) *provável conflito de competência*: "outro argumento ponderável, no mesmo sentido, é o que diz respeito à competência. Observa-se com justeza que reconhecer a *auctoritas rei iudicate* ao pronunciamento sobre a prejudicial significaria, em muitos casos, permitir que a questão fosse assim decidida, com tal força, por órgão no entanto incompetente para decidi-la como principal (...)"[14]; iii) *incompatibilidade entre os procedimentos*: "o procedimento adequado à causa em que a questão se põe como prejudicial nem sempre será o mesmo que se teria de seguir para a causa em que ela se pusesse como principal. E as diferenças podem ser muito relevantes, por exemplo, se num deles a lei estabelece determinadas restrições à prova, insubsistentes no outro. Não seria razoável atribuir a força de coisa julgada a pronunciamento emitido sobre tal ou qual questão, em regime probatório diferente daquele que se reputou apropriado à discussão dela. Ter-se-ia escancarado a porta à *fraus legis*. A amplitude mesma do contraditório pode ser maior num dos procedimentos que no outro, com as consequências que intuitivamente se percebem".[15]

Embora não constitua objeto deste ensaio análise detida dos fundamentos que justificam ou não a maior extensão dos limites objetivos da coisa julgada, convém registrar que em favor da tese que defende maior extensão da coisa julgada militam os seguintes argumentos: i) interesse público em resolver definitivamente uma questão que já se encontra em condições para tal; ii) possibilidade de redução o fenômeno da contradição de julgados, ainda que essa contradição seja apenas lógica – chama a atenção, por exemplo, o fato de que a sentença que acolhe a demanda proposta pelo vendedor para a condenação do comprador ao pagamento do preço não contenha também o *acertamento* da relação de compra e venda entre as partes se essa questão foi objeto de discussão e debate entre as partes;[16] iii) além disso, a maior amplitude do objeto da coisa julgada atende também a uma exigência de economia processual, pois com a extensão da coisa julgada às questões decididas na motivação da sentença

---

13. Ver: *Questões prejudiciais e coisa julgada*. Rio de Janeiro: Borsoi, 1967, p. 90-91.
14. Ver: *Questões prejudiciais e coisa julgada*. Rio de Janeiro: Borsoi, 1967, p. 92.
15. Ver: *Questões prejudiciais e coisa julgada*, Rio de Janeiro: Borsoi, 1967, p. 94.
16. Ver: Aldo Attardi, In tema di limiti oggettivi della cosa giudicata. *Rivista Trimestrale di Diritto e Procedura Civile*, v. 44, n.2. Milano: Giuffre, 1990.

é maior a tendência a se realizar a tutela do direito material em um único processo, evitando-se com isso que as mesmas questões retornem por vias diversas à apreciação do Poder Judiciário.

Com essa nova sistemática, de permitir a projeção da coisa julgada às questões prejudiciais, existe uma maior probabilidade de haver um processo integral que cuida do conflito de interesses na sua totalidade no lugar de diversos processos parciais.[17] Mas é evidente que tal instituto faz com que a litigância em juízo se torne uma atividade sobre a qual se requer mais atenção e técnica.

Independentemente dessas discussões, fato é que o legislador brasileiro positivou a regra que estende os limites objetivos da coisa julgada às questões prejudiciais. Segundo o art. 503 do Código "a decisão que julgar total ou parcialmente o mérito tem força de lei nos limites da questão principal expressamente decidida", e de acordo com o § 1º desse dispositivo "o disposto no *caput* aplica-se à resolução da questão prejudicial, decidida expressa e incidentemente no processo" se (i)"dessa resolução depender o julgamento do mérito", se (ii) "a seu respeito tiver havido contraditório prévio e efetivo, não se aplicando no caso de revelia", e se (iii) "o juízo tiver competência em razão da matéria e da pessoa para resolvê-la como questão principal". Para não haver dúvida quanto à impossibilidade de extensão da coisa julgada às questões não apreciadas a partir de uma cognição exauriente, o § 2º desse mesmo artigo é expresso no sentido de que "a hipótese do § 1º não se aplica se no processo houver restrições probatórias ou limitações à cognição que impeçam o aprofundamento da análise da questão prejudicial". Paralelamente, a apreciação de questões prejudiciais não é mais excluída do objeto da coisa julgada. Nesse sentido, de acordo com o art. 504, do Código de Processo Civil, apenas não compõem o objeto da coisa julgada "os motivos, ainda que importantes para determinar o alcance da parte dispositiva da sentença" (inc. I), e "a verdade dos fatos, estabelecida como fundamento da sentença" (inc. II).

Interessa, no presente ensaio, investigar os requisitos que autorizam a extensão da coisa julgada às questões prejudiciais, em particular o contraditório. Como se pode depreender da leitura do texto legal os requisitos exigidos para que a coisa julgada ultrapasse os limites do dispositivo da sentença são os seguintes: i) extensão da coisa julgada apenas às questões prejudiciais que foram decididas de maneira expressa pelo julgador; ii) o juiz deve ser competente para conhecer da questão prejudicial; iii) a referida extensão não ocorrerá se houver restrições probatórias ou à cognição da questão prejudicial; e além disso, iv) a extensão da coisa julgada às questões prejudiciais apenas ocorrerá se a seu respeito tiver havido contraditório prévio e efetivo. Esse é o requisito mais importante para que se proceda a extensão da coisa julgada às questões prejudiciais, pois ele supre um dos fundamentos suscitados por Barbosa Moreira em favor da tese restritiva da coisa julgada: a falta de pedido expresso de

---

17. V. CARNELUTTI. *Sistema di diritto processuale civile*. 4. ed. Padova: Cedam, 1936, p. 907-908. É a ideia de lide parcial e lide total, bem desenvolvida por Carnelutti.

julgamento por uma das partes da questão prejudicial. Parece claro que mencionada extensão só ocorrerá se o contraditório em torno da questão prejudicial tiver sido prévio *e efetivo*. Não basta, portanto, o contraditório meramente potencial. A coisa julgada apenas se estenderá às questões prejudiciais se as partes efetivamente deliberarem a seu respeito. O contraditório prévio e efetivo supre a ausência de pedido expresso da parte de resolução da questão prejudicial em caráter definitivo e legitima a imutabilidade de uma decisão, pois pressupõe a participação das partes pelo exercício de todos os seus poderes e faculdades processuais na construção da decisão jurídica.

2.3 SÍNTESE CONCLUSIVA

A atividade de justificação das decisões judiciais acompanha o contexto sociocultural em que inserido o procedimento estatal de resolução de controvérsias. Na atual configuração dos Estados Democráticos de Direito, em que estão consagrados direitos humanos de primeira, segunda e terceira gerações, por conta da função bloqueadora desempenhada pelo princípio do contraditório, com o seu reconhecimento como requisito para extensão da coisa julgada às questões prejudiciais.

4
L'ART. 503 C.P.C. BRASILIANO: UN BUON ESEMPIO DI *LEGAL TRANSPLANT*

Diego Volpino
Professore associato nell'Università degli Studi del Piemonte Orientale "Amedeo Avogadro".

Il compito che mi è stato assegnato è di svolgere alcune riflessioni conclusive che sappiano in qualche misura "fondere" le relazioni che precedono, e devo dire che in questa prospettiva gli spunti appaiono tantissimi. Ricollegandomi all'analisi del prof. Zulberti riguardo alle letture dell'art. 34 c.p.c. italiano, posso ad esempio affermare di trovarmi in una posizione di netta minoranza, nel senso che non riesco a non considerare questa norma – e sono diversi anni che, per vari motivi, me ne occupo – se non come una norma in materia di competenza. Una norma, cioè, che prevede una deroga della competenza in favore del giudice di grado superiore allorché quello adito non sia competente a decidere la questione pregiudiziale, ma che, al di là di ciò, in nessuna sua parte fa divieto al giudice, che sia invece munito di competenza sulla questione pregiudiziale, di deciderla con gli stessi effetti di giudicato propri della decisione sulla domanda principale. Sotto questo profilo, sono quindi perfettamente in linea con i pochi, ancorché autorevolissimi, studiosi citati poco fa dal prof. Zulberti nonché – mi sento di aggiungere – con il tipico modo di ragionare seguito dai giuristi anglo-americani nell'approcciarsi a problemi di questo tipo.

Ciò precisato, sono molto grato al Collega brasiliano per aver dissipato, con la sua ottima relazione, un mio personale dubbio sull'esatta portata del nuovo art. 503 c.p.c. brasiliano. E sempre grazie alla relazione del Collega sono ora in grado di constatare come il legislatore brasiliano abbia a mio avviso compiuto una scelta molto efficace a livello di gestione del processo (fra un istante spiegherò la ragione) ed, al contempo, culturalmente improntata ad una saggia prudenza.

Prima dell'avvento del nuovo *Código*, il processualista brasiliano era, per così dire, naturalmente indotto a rapportarsi al tema dei confini oggettivi del giudicato mediante un "abito mentale" non molto diverso da quello – ne ha dato conto il prof. Zulberti – ancor'oggi normalmente impiegato dalla maggioranza dei processualisti italiani. Complice anche la somiglianza del dato normativo e la grande attenzione tradizionalmente dedicata dalla dottrina brasiliana al panorama italiano, si poteva dunque registrare un approccio accomunato sia dal modo di ragionare, sia dagli strumenti di diritto positivo forniti dall'ordinamento, i quali – si noti – finivano con il rinsaldare l'abitudine a ragionare in quel determinato modo (sul versante italiano, un esempio illuminante è rappresentato proprio dall'interpretazione prevalente dell'art. 34 c.p.c., di cui si è detto).

La scelta compiuta dal legislatore brasiliano con l'art. 503 mi ha pertanto molto colpito, perché ha voluto e saputo cambiare l'apparato normativo di riferimento, avendo però anche cura di evitare – ed il Collega brasiliano lo ha sottolineato in modo egregio – che l'interprete si sentisse obbligato a modificare anche il proprio consueto impianto concettuale. Sotto il primo profilo, non vi è dubbio che si sia guardato in direzione dell'ordinamento nord-americano: i presupposti perché oggi, in Brasile, sulla questione pregiudiziale possano prodursi effetti di giudicato sono sostanzialmente i medesimi previsti dalla disciplina statunitense dell'*estoppel* (o *issue preclusion*); anzi, a ben vedere l'art. 503 del *Código* ne istituisce uno di più, e – come dirò a breve – il motivo di questa aggiunta si spiega molto bene.

Sotto il secondo profilo, intendo riferirmi al fatto – su cui, come accennavo, prima di ascoltare il Collega brasiliano avevo qualche dubbio – che, oggi come ieri, il giurista brasiliano continua ad identificare la questione pregiudiziale in modo fondamentalmente identico a quanto suole farsi in Italia. Anzi, se si vuole, da questo punto di vista l'esperienza brasiliana si dimostra più rigorosa di quella italiana, emergendo dalle parole del Collega brasiliano la tendenza ad includere nella categoria delle questioni pregiudiziali soltanto quelle che, in Italia, si definiscono "tecnicamente" pregiudiziali, vale a dire le questioni costituenti il terreno di elezione per l'applicazione dell'art. 34 c.p.c. e caratterizzate dal fatto che il loro oggetto è rappresentato da un autonomo diritto sostanziale il quale, al contempo, funge da fatto costitutivo di un diverso diritto soggettivo dedotto con la domanda principale.

Il legislatore brasiliano ha quindi dimostrato grande intelligenza nel limitarsi ad introdurre una nuova disciplina processuale dei rapporti tra pregiudizialità e giudicato senza con ciò costringere il giurista a sostituire il proprio bagaglio concettuale di riferimento. Non più una primazia della domanda di accertamento incidentale, fin ad oggi prevalente se non unico modo per fare la "magia" di trasformare una *questione* controversa in *causa* incidentale. Il legislatore brasiliano si è attenuto ad un criterio molto più pragmatico e concreto, poiché conduce ad esiti diversificati a seconda degli accadimenti realmente verificatisi in ciascun singolo processo. Un criterio il cui operare è principalmente (per quanto, come dirò, non esclusivamente) rimesso nelle mani del secondo giudice, cioè del giudice investito di una eventuale successiva controversia connessa a quella in precedenza decisa, il quale si trova a dover stabilire se nella causa originaria si sono verificate tutte le condizioni necessarie a far sì che la decisione della questione pregiudiziale possa esplicare effetti di giudicato nel nuovo processo.

La circostanza che il legislatore brasiliano abbia voluto inviare ai processualcivilisti un messaggio tranquillizzante circa il mantenimento delle loro tradizionali coordinate di riferimento emerge in maniera evidente, come accennavo, là dove l'art. 503 del *Código* prevede – in aggiunta ai presupposti esplicitamente stabiliti dal sistema nord-americano – un ulteriore requisito perché possa formarsi il di giudicato sulla questione pregiudiziale, rappresentato dalla competenza a deciderla in capo al giudice del primo processo. È proprio la presenza di questa condizione aggiuntiva a rendere chiaro che, nell'attuale esperienza brasiliana, il termine "questione pregiudiziale" continua ad assumere lo stesso significato che ha sempre avuto ed ancora ha in Italia; un significato, dunque, profondamente diverso da quello di *issue of fact* rilevante ai fini dell'applicazione dell'*estoppel* anglo-americano.

L'aver compreso che l'art. 503 del *Código* non si occupa delle questioni di fatto ha suscitato in me grande ammirazione nei confronti degli ideatori di questa nuova regolamentazione del giudicato sulle questioni, al fondo della quale sembra collocarsi un ragionamento che in Italia si tende spesso a non fare, con esiti invariabilmente negativi. Il legislatore brasiliano ha infatti evitato di compiere una asettica, quanto sterile, operazione di "copia e incolla" di una determinata disciplina presente in un altro ordinamento trascurando le diversità del contesto cultural-processuale in cui la si vorrebbe applicare. D'altro canto, si ha l'impressione che il legislatore, nel rimodulare la formazione del giudicato sulle questioni, abbia tenuto conto di un aspetto molto importante (già colto dai *conditores* spagnoli e trasfuso nell'art. 400 LEC 2000), vale a dire che in realtà la disciplina dei limiti oggettivi del giudicato, se ben strutturata, non opera soltanto in riferimento al "dopo", rispetto cioè ad un secondo ipotetico processo, consentendo di stabilire cosa in esso può ancora essere discusso e cosa non più. A ben guardare, tale disciplina è altresì in grado di conformare già il concreto andamento del primo processo, cioè proprio del processo dal quale potrà originare il giudicato, riflettendosi sulla condotta defensionale delle parti nella misura in cui permette loro di sapere fin da subito che, al ricorrere di determinate condizioni (dettagliatamente enunciate), il futuro giudicato potrà non riguardare soltanto l'oggetto della domanda principale. Si tratta di un aspetto tutt'altro che marginale, specie se riguardato dalla prospettiva dell'ordinamento processuale italiano, in cui una puntuale regolamentazione normativa dei limiti oggettivi del giudicato manca quasi del tutto: non la si rinviene nell'art. 2909 c.c., ed anche l'art. 34 c.p.c. – lo ha illustrato diffusamente il prof. Zulberti –, per via della sua formulazione si presta ad interpretazioni tra loro anche molto diverse.

Naturalmente, vi è anche un possibile pericolo, ossia che una norma come l'art. 503 induca le parti ad una sorta di *iper-litigation*, cioè a mettere sistematicamente in discussione ogni punto della lite per evitare il rischio che, un domani, il giudice di un eventuale secondo processo connesso ritenga, contrariamente alle iniziali previsioni dei litiganti, che su tali punti si sia ormai formato il giudicato. Qui entra però in gioco la capacità – e non parlo a caso di capacità – del giudice di fare un appropriato uso dei suoi poteri direzionali, tant'è vero che il sistema statunitense, che da questo punto di vista è molto più invasivo in quanto ammette il giudicato anche sulle questioni di puro fatto, non scivola in queste situazioni di pericolo proprio perché la selezione delle questioni di fatto è accuratamente (e preliminarmente) compiuta nel contraddittorio delle parti e sotto la supervisione del giudice. È questo un accorgimento che, per quanto semplice, consente al processo di non appesantirsi inutilmente, inducendo le parti a dibattere soltanto le questioni veramente rilevanti ai loro fini (attuali ed eventualmente futuri), tenuto ulteriormente conto del fatto che, declinati i presupposti sanciti dall'art. 503 del *Código* alla luce di una concezione classica di questione pregiudiziale, il problema di una possibile superfetazione di punti controversi è molto più sfumato, nel senso che si può verificare in molti meno casi.

A questo punto, credo sia divenuta evidente l'invidia che suscita in me la lettura di una norma come l'art. 503 c.p.c. brasiliano: dall'ascolto del prof. Zulberti si sarà infatti sicuramente compreso che, rispetto a questi temi, l'odierno processualista italiano che volesse fare a meno della bussola rappresentata dal proprio bagaglio concettuale per basarsi esclusivamente sul dato giurisprudenziale rischierebbe davvero di perdere l'orientamento e smarrirsi. Invero, la relazione del Collega comprova come ormai da anni la giurisprudenza italiana (di vertice) si stia cimentando in sempre più ardite elucubrazioni, riesumando discusse teorie prive di solide basi normative (mi riferisco soprattutto al "giudicato implicito" ed alla contraddittorietà che lo caratterizza a partire dalla sua stessa denominazione), oppure ampliando, in modo a mio avviso non ragionevole e ragionato, la portata applicativa di altre (alludo stavolta a quelle della pregiudizialità "logica" e del c.d. antecedente logico necessario, evocate allo scopo di includere entro i confini oggettivi del giudicato anche meri punti della lite mai discussi dalle parti), con ciò generando smarrimento ed incertezza tanto nell'operatore pratico quanto nello studioso. E ciò che, per il momento, sta ancora salvaguardando la dottrina italiana dai pericoli di questa deriva confusionaria è proprio il fatto di poter contare su alcuni punti fermi forniti dalla tradizione, che certamente possono essere oggetto di periodica discussione e rimeditazione (valga ancora l'esempio dell'art. 34 c.p.c.), ma sui quali, nondimeno, si può sempre fare affidamento.

Personalmente, mi piacerebbe molto che il c.p.c. italiano contenesse una regolamentazione del giudicato somigliante a quella che, con pragmatico buon senso, è stata introdotta nell'ordinamento brasiliano; e sono certo che a breve se ne potrà stilare un ottimo giudizio. Si tratta, infatti, di una disciplina assai precisa, in quanto dettagliatamente regolamentata, la quale, nel suo essere precisa, è al contempo anche chiara da capire ed applicare da parte del secondo giudice. Inoltre, come ho già sottolineato, essa costituisce un valido ed utilissimo criterio di orientamento anche per le parti ed il giudice della prima causa, perché tramite i criteri da essa istituiti contribuisce alla definizione e fissazione della materia del contendere nonché all'esatta pre-comprensione della latitudine oggettiva del futuro giudicato. Da questo punto di vista, ben può darsi che sia proprio il primo giudice, rilevata l'importanza o addirittura la decisività di un punto pregiudiziale della causa e verificata la propria competenza a deciderlo, ad indurre le parti ad instaurare il contraddittorio su di esso, in modo da trasformarlo in questione e accertarlo con pienezza di effetti, sì da fornire ad un eventuale secondo giudice un giudicato "serio" su tale aspetto della lite, e non un *dictum* incidentale magari appena accennato in motivazione.

In conclusione, mi sento di affermare che questa occasione di dialogo sia stata molto produttiva per entrambi i fronti: per i processualisti italiani, sicuramente. Spero, ma dopo aver ascoltato il prof. Zulberti ne sono certo, che anche i Colleghi brasiliani abbiano potuto trarre una nitida fotografia dell'attuale stato dell'arte in Italia sui temi trattati; uno stato dell'arte purtroppo molto diverso rispetto a quello dell'epoca in cui sui medesimi temi ragionavano, più ascoltati dalla giurisprudenza, i Maestri della nostra materia. La situazione in Italia è oggi molto più nebulosa, ed il paradosso è che lo è diventata a norme invariate. Ad esempio, in presenza di una norma come l'art. 503 un evento in cui, nella normalità dei casi, le parti coinvolte in due cause successive potranno fiduciosamente contare di non imbattersi, è il classico "effetto sorpresa". In Italia, per contro, non è infrequente che le parti scoprano solo nel secondo processo di essere incorse in una preclusione da giudicato non ragionevolmente preventivabile durante la prima causa. Con la giurisprudenza di oggi, e parlo essenzialmente di giurisprudenza di legittimità, varie cose si scoprono solo "dopo", nel secondo processo, e spesso inaspettatamente. "Prima", ossia nel corso della causa originaria, non sempre si riesce a percepire con adeguato nitore quale potrà essere l'impatto del giudicato, sotto il profilo oggettivo, sulle sorti di un eventuale secondo giudizio tra le stesse parti. Il giurista brasiliano gode invece dell'enorme vantaggio di poter contare su norme che consentono di metterlo a fuoco in tempo utile, con un effetto a mio avviso benefico sull'andamento della prima causa. Di ciò credo possa avvantaggiarsi anche l'amministrazione giudiziaria civile nel suo complesso, perché può contare su un meccanismo che tende ad ottimizzare il primo processo, massimizzandone il risultato. E più si ottimizza un processo, più si rende inutile instaurarne un secondo.

5
O ART. 503 DO CPC BRASILEIRO: UM BOM EXEMPLO DE *LEGAL TRANSPLANT*[1]

Diego Volpino

Professor-Associado na *Università degli Studi del Piemonte Orientale "Amedeo Avogadro".*

Arquivo *on-line*

---

1. Texto traduzido por Érico Andrade, Professor de Direito Processual Civil da UFMG.

5
O ARTIGO DO CPC BRASILEIRO:
UM BOM EXEMPLO DE LEGAL TRANSPLANT

Parte IV
CONTRASTE DE COISAS JULGADAS

1
IL CONTRASTO TRA GIUDICATI NEL SISTEMA DEL PROCESSO CIVILE ITALIANO: UNA VISIONE DI INSIEME

Beatrice Ficcarelli
Professore associato nell'Università degli Studi di Siena.

Sumário: 1.1 Osservazioni introduttive – 1.2 La normativa di riferimento e le ipotesi di contrasto – 1.3 Contrasto teorico e problematiche connesse – 1.4 I rimedi preventivi – 1.5 Le soluzioni *a posteriori* – 1.6 Breve riflessione conclusiva – 1.7 Bibliografia essenziale.

1.1 OSSERVAZIONI INTRODUTTIVE

Le problematiche nascenti dai casi di contrasto fra giudicati rivestono centrale importanza nell'ambito di ogni sistema di diritto processuale civile quale modello volto alla tutela delle situazioni giuridiche sostanziali in base al rapporto di strumentalità tra processo e diritto sostanziale che del primo incarna natura e funzione.

Ed è proprio dal diritto sostanziale che occorre prendere le mosse per ogni trattazione che abbia ad oggetto il complesso tema che oggi viene rivolto alla nostra attenzione. Vero è, infatti, che valore cardine di ogni sistema giuridico, valore da tutelare ad ogni costo pena la messa in discussione della possibilità di un comportamento morale e sociale, è la certezza del diritto. Il diritto processuale è finalizzato a garantirla e realizzarla poiché è quella certezza che conduce alla pace sociale.

Ebbene, il principio di certezza del diritto è inevitabilmente connesso a quello di giudicato quale accertamento incontrovertibile contenuto in una decisione. Il giudicato, infatti, è il provvedimento giurisdizionale diventato incontrovertibile in quanto non più assoggettabile ai mezzi di impugnazione ordinari o perché siano decorsi i termini per impugnare o perché siano stati esperiti i mezzi di impugnazione previsti.

Un provvedimento passato in giudicato è così contraddistinto dalla indiscutibilità ed effettività della cosa giudicata, con la conseguenza che nessun giudice si può pronunciare un'altra volta su quel diritto sul quale ci sia stata una pronuncia che abbia esaurito la serie dei possibili riesami. Ciò in ossequio al principio cd. del *ne bis in idem*.

Con il termine giudicato si intende pertanto, innanzitutto, il provvedimento giurisdizionale non più suscettibile di impugnazione, salvo mezzi di impugnazione straordinari (rappresentati nel sistema processuale italiano dalla revocazione straordinaria di cui ai numeri 1, 2, 3, 6 dell'art. 395 c.p.c., la revocazione di cui all'art. 397 c.p.c. proponibile dal pubblico ministero nelle cause che richiedono la partecipazione obbligatoria dello stesso e l'opposizione di terzo di cui all'art. 404 c.p.c.).

Si definisce dunque passata in giudicato la sentenza che, non essendo più sottoponibile a mezzi di impugnazione ordinari, ha una certa stabilità, anche in considerazione del fatto che la prassi giurisprudenziale dimostra che raramente i mezzi di impugnazione straordinari sono di fatto utilizzabili.

Il giudicato rappresenta, in altre parole, la maggiore stabilità che un atto giuridico possa raggiungere nel sistema italiano.

D'altro canto, come è stato avvertito in dottrina, la pronuncia del giudice non può essere rimessa in discussione all'infinito e, ad un certo momento, essa deve diventare immodificabile (Menchini).

E'così che Augusto Cerino Canova riteneva la stabilità della cosa giudicata quale garanzia di rango costituzionale, nel senso che la tutela giurisdizionale deve necessariamente offrire alle parti un provvedimento che consacri per sempre la situazione di diritto né si presti ad essere vanificato in nuovi successivi processi.

Con il giudicato si vuole, in altre parole, mantenere la promessa di tutela che l'ordinamento giuridico ha formulato in favore della parte vincitrice della causa la quale merita di non essere più disturbata in relazione al diritto oggetto della stessa, diritto ormai definitivamente accertato.

Il giudicato è in stretta relazione con la sentenza che è *res iudicans* mentre la cosa giudicata è causa decisa e mira ad identificarsi con essa. Vi sono dei casi, tuttavia, in cui la decisione della *res litigiosa* non assume la veste di sentenza (peraltro non sempre una sentenza è di per sé giudicato, in quanto la sentenza impugnabile non è passata in giudicato). Di qui l'importante dibattito che ha portato all'affermazione nel nostro ordinamento di quella che è stata correttamente, e dai più, definita quale "crisi del giudicato".

1.2 LA NORMATIVA DI RIFERIMENTO E LE IPOTESI DI CONTRASTO

Nel nostro sistema si tratta del giudicato *formale* e *sostanziale*: il primo è definito dall'art. 324 c.p.c. secondo il quale, come anticipato, la sentenza si intende passata in giudicato quando non sono più esperibili mezzi di impugnazione cosiddetti ordinari. É questo il motivo per cui il giudicato formale è considerato quale attributo processuale della sentenza.

A contrario ne deriva che la pendenza o proposizione delle impugnazioni straordinarie non impedisce la formazione della cosa giudicata. La legge italiana, infatti, considera trascurabile la possibilità che contro la sentenza sia proposta una impugnazione straordinaria ed ha dovuto tenere presente che questa possibilità si prolunghi indefinitamente nel tempo.

Il giudicato sostanziale è invece previsto dall'art. 2909 del nostro codice civile, norma posta al fine di imporre il provvedimento contenuto nella sentenza del giudice come legge tra le parti.

Il giudicato sostanziale si concreta, così, nella determinazione autoritativa di regole di condotta appartenenti al diritto sostanziale.

Il giudicato sostanziale è anche una qualificazione del contenuto della sentenza e del modo di operare della sua efficacia. Secondo Chiovenda, il giudicato sostanziale consiste nella indiscutibilità dell'esistenza di una concreta volontà di legge accertata nella sentenza la quale riconosca o disconosca ad una delle parti in lite un determinato bene della vita oggetto della domanda giudiziale.

Dall'art. 2909 c.c. traspare dunque con grande chiarezza che il presupposto tecnico del giudicato sostanziale è l'esistenza di un giudicato materiale: il giudicato sostanziale postula infatti il fatto che la sentenza sia non più oppugnabile ossia il giudicato formale di cui all'art. 324 c.p.c.

Il giudicato, ai fini che ci occupano in questo contesto, si distingue altresì in giudicato interno ed esterno: è interno il giudicato formatosi nello stesso processo; è esterno quello formatosi in un processo diverso ed invocato in un secondo e distinto procedimento. Entrambi sono oggi rilevabili d'ufficio a seguito dei più recenti approdi della nostra Corte Suprema in materia.

La distinzione tra giudicato interno ed esterno concerne chiaramente l'efficacia della sentenza in un procedimento diverso da quella in cui è stata emessa (l'opinione dominante è che la sentenza di rito non abbia effetti al di fuori del processo in cui si è formata).

Da tutto quanto finora esposto deriva che la cosa giudicata ha una duplice portata: negativa e positiva. Negativa in quanto esclude che ciò su cui si è deciso possa formare oggetto di nuova decisione (il principio del *ne bis in idem* integra gli effetti negativi del giudicato); positiva perché il giudicato impone alle parti di osservare la statuizione in esso contenuta come regola indiscutibile dei loro rapporti e fa obbligo al giudice di uniformarvisi, come criterio da adottare, senza un rinnovato esame di merito, nelle pronunce che lo presuppongono e che quindi vi si debbono coordinare.

Tuttavia, nel sistema vigente, è possibile che si verifichino conflitti di giudicati ossia che si abbiano decisioni pronunciate in distinti processi fra loro contrastanti, con ciò compromettendosi o comportando la crisi di quella certezza giuridica che nel giudicato trova prima garanzia.

Nel suo significato più pieno e completo la certezza del diritto implica infatti necessariamente la coerenza delle decisioni giudiziarie le quali non possono essere valutate singolarmente senza alcun collegamento le une con le altre, a pena di creare disordine giuridico.

Peraltro è la stessa regola dell'autorità di cosa giudicata di cui all'art. 2909 c.c. che entra chiaramente in crisi nel caso di contraddittorietà tra giudicati dal momento che non è possibile che entrambe le sentenze in conflitto possano contemporaneamente far stato ad ogni effetto: una delle due decisioni deve (o dovrebbe) pertanto essere caducata oppure la portata di una delle due pronunce inconciliabili deve (o dovrebbe) essere necessariamente limitata.

Per effetto del contrasto tra giudicati lo stesso principio della cosa giudicata risulta fatalmente contraddetto oltre al fatto che il conflitto tra giudicati incide sulla tutela dell'affidamento che la parte vincitrice ha riposto nella stabilità di ciascuna singola decisione passata in giudicato. Si tradirebbe infatti tale fiducia qualora la sentenza anteriore venisse caducata per armonizzarla con un successivo giudicato contrastante.

E veniamo alle tipologie di contrasto.

Il contrasto, nel sistema italiano, è definito *pratico* o *teorico*.

Il contrasto è pratico quando i due giudicati abbiano ad oggetto la medesima questione, in via principale, ed essa sia stata decisa in modo difforme. I giudicati hanno cioè ad oggetto il medesimo diritto o, in altre parole, le due decisioni pronunciano sul medesimo oggetto con risultati differenti. In casi simili, è chiaro che il vigore di una decisione è *praticamente* incompatibile con il vigore dell'altra. Secondo la definizione che ne dà Attardi esso sussiste quando "una situazione giuridica sia, con riferimento ad uno stesso momento, dichiarata esistente o inesistente da una sentenza e dichiarata, totalmente o anche parzialmente, inesistente o esistente da un'altra".

Si tratta, così, di un contrasto effettivo tra giudicati, originato da un malfunzionamento degli strumenti processuali. Qui le pronunce hanno lo stesso oggetto e il principio del *ne bis in idem*, cioè gli effetti negativi del giudicato, non ha impedito l'emanazione della seconda sentenza.

Laddove le due pronunce avessero un contenuto uguale, *nulla quaestio*; l'inconveniente si limiterebbe infatti alla inutilità di una delle due e dunque ad uno spreco di attività processuale. Se, invece, il loro contenuto diverge, è opportuno trovare una soluzione perché, ad esempio, Tizio non può essere contemporaneamente figlio e non figlio di Caio; lo stesso credito non può contemporaneamente esistere o non esistere. Oppure, ancora, si dia il caso della sentenza che abbia accolto la condanna al rilascio di un immobile oppure al pagamento di una somma di denaro mentre quella successiva abbia respinto le medesime domande.

In proposito, si è parlato di *sentenze ineseguibili* anche se una sentenza di accoglimento e una sentenza di rigetto in ordine allo stesso oggetto non pone un conflitto tra due procedure esecutive bensì tra una procedura esecutiva ed un'opposizione all'esecuzione.

Come riportato efficacemente da F.P. Luiso nel suo manuale di diritto processuale civile, si ha conflitto pratico quando l'attuazione delle due sentenze ad opera della forza pubblica procura una "zuffa" fra gli agenti incaricati dell'attuazione.

Quello sino ad ora descritto è un contrasto pratico totale tra giudicati. Il contrasto può però altresì essere parziale. Il contrasto parziale può atteggiarsi in modo diverso, a seconda che in una delle cause sia dedotto l'intero diritto e, nell'altra, parte del diritto stesso, ovvero che l'oggetto delle due controversie siano un determinato rapporto giuridico e un diritto che da esso discenda.

Quando in un processo si decida solo sulla causa pregiudiziale mentre un altro processo abbia ad oggetto sia la causa dipendente sia quella pregiudiziale, fra i due giudizi vi è una parziale sovrapposizione oggettiva relativa a cause distinte, con la conseguenza che se le due decisioni rese sulla causa pregiudiziale risultino tra loro contraddittorie, si realizza indubbiamente un conflitto pratico ma solo parziale. Ciò trova conferma nel fatto che qualora i due processi fossero pendenti contemporaneamente, si avrebbe un fenomeno di litispendenza parziale.

Il caso di contrasto pratico parziale può implicare almeno potenzialmente, anche un fenomeno di contrasto teorico, fenomeno direi omnicomprensivo anche delle situazioni ora tratteggiate e sui cui merita maggiormente soffermarsi.

1.3 CONTRASTO TEORICO E PROBLEMATICHE CONNESSE

La nozione di contrasto teorico è utile per rappresentare il fenomeno dell'incoerenza fra decisioni su diritti distinti connessi per pregiudizialità-dipendenza. Si tratta di una definizione assai diffusa in dottrina, equivalente a quella di contrasto logico fra giudicati, usata proprio per descrivere il mancato coordinamento fra la decisione sulla causa pregiudiziale e la decisione sulla causa dipendente nella quale la medesima questione pregiudiziale è conosciuta solo *incidenter tantum*.

Nel contrasto teorico, pertanto, due pronunce hanno ad oggetto situazioni sostanziali che, ancorchè diverse, sono tra loro connesse per pregiudizialità-dipendenza, ovvero discendono dallo stesso rapporto giuridico, in modo da rendere possibile l'applicazione degli effetti positivi che, però, per qualsivoglia ragione, non hanno funzionato; oppure da consentire il cumulo processuale, il quale però non si è realizzato.

Il concetto di contrasto teorico o logico tra giudicati si differenzia, così, dalla nozione di contrasto pratico secondo una distinzione che ben si coglie nella dottrina *tedesca* dove si contrappone il *conflitto diretto* al *conflitto indiretto* tra giudicati: nel primo caso ci si riferisce alla pronuncia di sentenze contraddittorie sopra il medesimo oggetto, mentre nella seconda ipotesi, all'emanazione della decisione su un diritto dipendente che si fondi su una stessa diversa soluzione della questione pregiudiziale già oggetto di decisione in un differente processo.

Premettendo che sul punto parte della dottrina italiana propone l'unificazione delle due figure di contrasto pratico e di contrasto teorico, manteniamole qui per comodità distinte o parzialmente sovrapponibili, collegando il contrasto teorico all'ipotesi in cui vi sia incoerenza fra la decisione sulla causa pregiudiziale e quella sulla causa dipendente nell'ambito della quale la medesima questione sia conosciuta *incidenter tantum* ma ivi risolta con esito opposto o, comunque, non convergente.

L'importante è sottolineare come anche il contrasto teorico tra giudicati possa condurre a situazioni assurde e paradossali. Si pensi al caso in cui, in un primo giudizio, il giudice abbia affermato che Tizio non ha diritto di ricevere il prezzo della compravendita con Caio perché il contratto è inefficace ed il secondo giudice, in un distinto procedimento, affermi che Caio abbia diritto di ricevere la consegna del bene perché il contratto di compravendita è pienamente efficace. O ancora, un irresolubile contrasto fra giudicati può sorgere qualora in un primo processo si riconosca a favore di Caio il diritto agli interessi sul presupposto del diritto al rimborso del capitale mentre in un secondo giudizio si neghi quest'ultimo diritto; così come nell'ipotesi in cui il primo giudice stabilisca che Tizio ha diritto agli alimenti nei confronti del padre Caio il quale risulti però successivamente vincitore nell'azione di disconoscimento di paternità; o ancora nel caso speculare in cui nel primo giudizio si sia escluso il diritto agli alimenti di Tizio a carico di Caio per mancanza del rapporto di filiazione che tuttavia venga in seguito riconosciuto in un separato giudizio di accertamento della paternità. Oppure il contrasto tra il giudicato sulle statuizioni economiche derivanti dal divorzio e la successiva dichiarazione giudiziale di nullità del relativo matrimonio.

In tutte queste ipotesi, vi è pertanto contraddittorietà logica tra giudicati ed essa consiste nel contrasto tra la regola di condotta contenuta in un giudicato e la premessa logica di una regola di condotta contenuta in un altro giudicato. Non si fatica a sostenere che in ipotesi siffatte si assista ad un difetto di coordinamento tra giudicati.

1.4 I RIMEDI PREVENTIVI

Allo stato attuale di giurisprudenza e dottrina, non v'è nel nostro sistema alcuno strumento per porre rimedio a detta anomalia, sebbene ciò strida fortemente con la coscienza del giurista.

In tutti questi casi occorrerebbe prendere atto, insomma, che i meccanismi di coordinamento non hanno funzionato ma anche che nel risultato non c'è niente di impossibile giuridicamente. Per citare alcuni esempi ricorrenti in dottrina (F.P. Luiso) vorrà dire che, nell'ipotesi di prima, Tizio prenderà gli interessi e non il capitale; che Caio è padre e non paga gli alimenti oppure che non lo è e paga. Come è stato acutamente osservato, si tratta certamente di situazioni ritenute spiacevoli, ma le due pronunce non si trovano tra di loro in contrasto effettivo.

Si tratta, peraltro, di un orientamento assai diffuso. Menchini, ad esempio, afferma che in caso di conflitto logico tra giudicati realizzatosi allorché la decisione posteriore si basi su di un accertamento del diritto pregiudiziale difforme da quello reso con la prima statuizione, si avrebbero due sentenze relative a rapporti giuridici diversi, quantunque connessi per pregiudizialità dipendenza, con la conseguenza che entrambe manterrebbero, ciascuna nel rispetto del proprio ambito di competenza, piena efficacia: l'una non elide, cioè, l'altra.

Dal momento che le due sentenze non confliggono dal punto di vista pratico, dovrebbero mantenere entrambe la propria validità con risultati evidentemente contraddittori.

Ciò può verificarsi perché nel nostro ordinamento processuale non esiste alcun obbligo per le parti di cumulare nello stesso giudizio tutte le possibili cause tra loro connesse. Inoltre, il giudicato civile riguarda solo il diritto dedotto nel processo, non estendendosi automaticamente alle questioni pregiudiziali, le quali vengono di regola conosciute dal giudice civile ma non decise con efficacia di giudicato, salvo che non vi sia una esplicita domanda di parte oppure una espressa previsione di legge in tal senso (art. 34 c.p.c. rubricata "Accertamenti incidentali"). Questa regola processuale ha senz'altro il pregio di evitare un rallentamento delle singole controversie ma, al tempo stesso, rende possibile la celebrazione di più processi su diritti connessi i quali, svolgendosi separatamente, possono dare esiti fra loro logicamente incompatibili, configurando il c.d. giudicato ingiusto e la conseguente incertezza delle situazioni giuridiche.

Con riferimento alla risoluzione *a posteriori* del problema dei giudicati contraddittori, come si vedrà nel paragrafo successivo, l'unica concessione che la dottrina è stata disposta ad accordare, riguarda il contrasto pratico poiché in quel caso è certamente impossibile professare la duplice operatività delle decisioni in conflitto risolvendolo nel caso della prevalenza del secondo giudicato. In caso di conflitto logico, invece, la dottrina maggioritaria propende, come detto, per la conservazione di entrambe le pronunce anche al prezzo di limitare l'efficacia di una delle decisioni.

Se nel nostro ordinamento manca un apposito rimedio successivo volto ad eliminare il conflitto pratico o logico tra giudicati, vi sono però molteplici istituti processuali che hanno come fine proprio quello di prevenire il sorgere di contraddizioni siffatte.

Si possono, a tal fine, distinguere mezzi di coordinamento dei processi e mezzi di coordinamento delle decisioni. I primi operano affinchè sia evitata la duplicazione della stessa causa nonché per realizzare un unico processo cumulato tra le cause connesse per pregiudizialità; i secondi, invece, intervengono per armonizzare la decisione assunta in un processo con quella da assumere in un altro giudizio, sempre con il fine di impedire decisioni incoerenti.

Nel primo ambito, rientrano gli istituti della litispendenza, della continenza e connessione fra cause; nel secondo gruppo si annoverano invece la sospensione necessaria per pregiudizialità di cui all'art. 295 c.p.c. (e anche la sospensione facoltativa di cui all'art. 337, comma 2, c.p.c.), l'istituto della cosa giudicata con la sua capacità di proiettare il proprio vincolo in distinti processi aventi ad oggetto il medesimo diritto o una posizione soggettiva dipendente (l'eccezione di giudicato esterno ora rilevabile d'ufficio), nonché il rimedio della revocazione della sentenza per contrasto con precedente giudicato (art. 395, n. 5 c.p.c.).

Si tratta, in realtà, di istituti diretti essenzialmente a dare attuazione al principio di economia processuale e non ad eliminare eventuali giudicati contrastanti. Per questo la loro operatività, e lo sperimenta nella pratica, non garantisce l'eliminazione del contrasto.

1.5 LE SOLUZIONI *A POSTERIORI*

Mentre in riferimento al contrasto teorico si afferma che esso non possa trovare alcuna forma di coordinamento in via successiva, è invece pacifica in dottrina l'idea che il conflitto pratico fra giudicati debba necessariamente essere risolto a favore dell'una o l'altra decisione. Ciò serve anche per affrontare i possibili rimedi del contrasto teorico anche perché, per parte della medesima dottrina, il conflitto tra giudicato pregiudiziale e giudicato dipendente sarebbe pratico e non teorico. Le esperienze comparatistiche propongono possibili soluzioni.

Secondo la nostra giurisprudenza, è stata prevalentemente ammessa la tesi della prevalenza del secondo giudicato. La prevalenza del primo, quale teoria del tutto isolata, è stata ammessa solo da certa giurisprudenza di merito.

In riferimento alla seconda sentenza è sempre così ritenuta necessaria l'esperibilità dei mezzi di impugnazione anche se nel secondo processo sia stata sollevata l'eccezione di cosa giudicata. Se la parte non si avvale di questi strumenti, dimostra sostanzialmente di accettare la seconda sentenza con riguardo al modo in cui l'eccezione di giudicato è stata decisa. Ma se è rigettata l'eccezione di giudicato, il giudice successivo può emanare la sentenza e dar luogo al contrasto.

Nel caso di contrasto teorico, laddove sia passata per prima in giudicato la sentenza recante la statuizione sul diritto pregiudiziale, il mancato coordinamento (e cioè il contrasto) fra le due decisioni deriva non soltanto dall'omissione dell'eccezione di giudicato nel corso del processo avente ad oggetto il diritto dipendente ma anche, e soprattutto, dalla circostanza che la parte soccombente non ha proposto impugnazione nei confronti della seconda sentenza, facendo così transitare in giudicato la sentenza di primo grado. Oppure il giudizio di appello si è concluso senza alcuna decisione in merito *all'exceptio rei judicatae* e contro tale decisione non è stato proposto il rimedio della revocazione di cui all'art. 395, n. 5, c.p.c. che avrebbe ben potuto essere utilizzato per prevenire il formarsi di un contrasto teorico tra giudicati.

Laddove la parte ometta di impugnare la seconda sentenza per contrarietà a precedente giudicato, convalida la decisione successiva.

Stessa soluzione può applicarsi nel caso in cui il giudicato successivo abbia ad oggetto la causa dipendente. Vale sempre la deduzione del vizio per il tramite delle impugnazioni ordinarie.

1.6 BREVE RIFLESSIONE CONCLUSIVA

L'armonia delle decisioni muove nella direzione dell'effettività della tutela giurisdizionale. Nella pratica si verificano tuttavia situazioni in cui due giudicati entrano in conflitto a causa del mancato o non corretto esperimento di mezzi preventivi di coordinamento delle decisioni medesime.

Il sistema processuale non prevede espressamente strumenti atti a rimediare efficacemente *ex post* al problema. Di qui, la crisi della certezza del diritto sostanziale di cui il diritto processuale è strumento di realizzazione e garanzia.

La dottrina ha cercato, anche molto recentemente, di proporre plausibili soluzioni attraverso la prospettazione di teorie che affrontano il problema nelle sue molteplici sfaccettature. La pratica in materia può essere, infatti, estremamente variegata.

In ordine al conflitto teorico è stata ad esempio avanzata la tesi cd. del "giudicato condizionato" (Gradi) che si concentra sull'idea della dipendenza dell'efficacia della sentenza passata in giudicato da una condizione, con ciò rifacendosi ad una tesi cui la dottrina classica (Carnelutti) aveva fatto ricorso per descrivere il legame tra la sentenza definitiva e quella interlocutoria.

Il giudice della causa dipendente, che si è pronunciato per primo, emette una sentenza piena e completa. Nel suo provvedimento manca una decisione con efficacia di giudicato sulla questione pregiudiziale. Ove venga pronunciata una sentenza contraria, la prima perderà i suoi effetti con efficacia retroattiva. Ciò con il corollario per cui una eventuale rimozione in via straordinaria del giudicato pregiudiziale farà rivivere l'efficacia del giudicato dipendente.

Si tratta certamente di una prospettazione degna di interesse che pare ben attagliarsi tuttavia solo ad alcune ipotesi di conflitto logico o teorico, lasciando le molte altre che la realtà presenta prive di possibile soluzione che trovi coerenza nel sistema del nostro diritto processuale civile.

1.7 BIBLIOGRAFIA ESSENZIALE

ANDRIOLI, Virgilio. *Diritto processuale civile*, I, Napoli: Jovene, 1979; ATTARDI, Aldo. Conflitto di decisioni e sospensione necessaria del processo. *Giurisprudenza italiana*, 1987, IV, 426 ss.; ATTARDI, Aldo. *Diritto processuale civile*, I. Padova: Cedam, 1994; BALENA, Giampiero. *Istituzioni di diritto processuale civile*, 5. ed., Bari: Cacucci, 2019; CAPONI, Remo. *L'efficacia del giudicato civile nel tempo*. Milano: Giuffrè, 1991; CALAMANDREI, Piero. La certezza del diritto e la responsabilità della dottrina. *Rivista di diritto commerciale*, 1942, I, 341 ss.; CARNELUTTI, Francesco. La certezza del diritto. *Rivista di diritto processuale*, 1943, 81 ss.; CHIOVENDA, Giuseppe. *Istituzioni di diritto processuale civile*, 2. ed., I. Napoli: Jovene, 1935; Consolo, Claudio. Oggetto del giudicato e principio dispositivo. Dei limiti oggettivi e del giudicato costitutivo. *Rivista trimestrale di diritto e procedura civile*, 1991, 225 ss.; DALLA BONTÀ, Silvana. Una "benefica inquietudine". Note comparative in tema di oggetto del giudicato nella giurisprudenza alla luce delle tesi zeuneriane. *Giusto processo civile*, 2011, 891 ss.; GRADI, Marco. *Il contrasto teorico tra giudicati*. Bari: Cacucci, 2020; LIEBMAN, Enrico Tullio. *Manuale di diritto processuale civile*, I, 4. ed., Milano: Giuffrè, 1981; LOCATELLI,

Francesca. *L'accertamento incidentale ex lege: profili*. Milano: Giuffrè, 2008; LOPEZ DE ONATE, Flavio. *La certezza del diritto*. Milano: Giuffrè, 1968; LUISO, Francesco Paolo. *Diritto processuale civile*, I, 10. ed. Milano: Giuffrè, 2019; LUISO, Francesco Paolo. La cedevolezza del giudicato. In: *La crisi del giudicato*, Atti del XXX Convegno nazionale, Cagliari, 2-3 ottobre 2015, in *Quaderni dell'associazione italiana fra gli studiosi del processo civile*, LXVI, Bologna: Bononia University Press, 2017, 75 ss.; MENCHINI, Sergio. *Il giudicato civile*, 2. ed., Torino: UTET, 2002; ID., *Sospensione del processo civile (processo civile di cognizione)*, in *Enc. dir.*, XLIII, Milano, 1990; MENCHINI, Sergio, MOTTO, Alessandro. *Cosa giudicata. Della tutela dei diritti*. In: *Comm. c.c. Gabrielli*, Milano, 2016, 21 ss.; MONTESANO, Luigi. In tema di accertamento incidentale e di limiti del giudicato. *Rivista di diritto processuale*, 1951, I, 329 ss.; NAPPI, Pasquale. Osservazioni sulla domanda di accertamento incidentale di questione pregiudiziale. *Giusto processo civile*, 2017, 711 ss.; NIEVA-FENOLL, Jordi. La cosa giudicata: la fine di un mito. *Rivista trimestrale di diritto e procedura civile*, 2014, 1 ss.; ORIANI, Renato. *Eccezione*. In: *Dig. it.*, *disc. priv.*, sez. civ., VII. Torino: UTET, 1991; PELLEGRINI GRINOVER, Ada. Miti e realtà sul giudicato: una riflessione italo-brasiliana. In: *La crisi del giudicato*, Atti del XXX Convegno nazionale, Cagliari, 2-3 ottobre 2015, - *Quaderni dell'associazione italiana fra gli studiosi del processo civile*, LXVI, Bologna: Bononia University Press, 2017, 207 ss.; PILLONI, Monica. *Profili processuali della domanda di accertamento incidentale*. Torino: Giappichelli, 2020; PROTO PISANI, Andrea. Appunti sul giudicato civile e sui suoi limiti oggettivi. *Rivista di diritto processuale*, 1990, 386 ss.; PROTO PISANI, Andrea. *Lezioni di diritto processuale civile*, 6. ed., Napoli: Jovene, 2014; PUGLIESE, Giovanni. *Giudicato civile (dir. vig.)*. In: *Enc. dir.*, XVIII, Milano: Giuffrè, 1969; RECCHIONI, Stefano. *Pregiudizialità processuale e dipendenza sostanziale nella cognizione ordinaria*. Padova: Cedam, 1999; Satta, Salvatore. *Accertamento incidentale*. In: *Enc. dir.*, I. Milano: Giuffrè, 1958, 243 ss.; SCIARABBA, Vincenzo. *Il giudicato e la Cedu. Profili di diritto costituzionale, internazionale e comparato*, Padova: Cedam, 2012; TEDOLDI, Alberto. Processo civile e giudicato "alla deriva". *Giusto processo civile*, 2013, 1059 ss.; TARUFFO, Michele. Collateral estoppel e giudicato sulle questioni. *Rivista di diritto processuale*, 1972, 272 ss.; TRISORIO LIUZZI, Giuseppe. Centralità del giudicato al tramonto?. In: *La crisi del giudicato*, Atti del XXX Convegno nazionale, Cagliari, 2-3 ottobre 2015 – *Quaderni dell'associazione italiana fra gli studiosi del processo civile*, LXVI, Bologna: Bononia University Press, 2017, 97 ss.; VERDE, Giovanni. Brevi considerazioni su cognizione incidentale e pregiudizialità. *Rivista di diritto processuale*, 1989, 175 ss.

2
O CONTRASTE ENTRE AS COISAS JULGADAS NO SISTEMA DO PROCESSO CIVIL ITALIANO: UMA VISÃO CONJUNTA[1]

Beatrice Ficcarelli

Professora-Associada na *Università degli Studi di Siena*.

Sumário: 1.1 Observações introdutivas – 1.2 A norma de referência e as hipóteses de contraste – 1.3 Contraste teórico e problemas conexos – 1.4 Os remédios preventivos – 1.5 As soluções *a posteriori* – 1.6 Breve reflexão conclusiva – 1.7 Bibliografia essencial.

Arquivo *on-line*

---

1. Texto traduzido por Renata Vieira Maia, Professora de Direito Processual Civil da UFMG.

2.

3
DUAS COISAS JULGADAS

Teresa Arruda Alvim

Professora-Associada da Faculdade de Direito da PUC-SP. Professora Visitante na Universidade de Cambridge – Inglaterra. Professora Visitante na Universidade de Lisboa – Portugal.

Existem certos temas, em relação aos quais, ao longo da vida, nossa opinião pode variar bastante. Isso aconteceu comigo, por exemplo, no que diz respeito aos poderes do juiz. É um tema que sempre me fascinou e eu confesso que, ao longo de todos esses anos em que me tenho dedicado a estudá-lo, minha opinião nem sempre foi a mesma.

No entanto há outros assuntos a respeito dos quais tenho mantido, ao longo da vida, uma convicção muito firme, cada vez mais reforçada pelos meus estudos e reflexões. Na verdade, o que vou sustentar nestas despretensiosas reflexões nada mais é do que o resultado daquilo que sempre sustentei desde a primeira edição da minha dissertação de mestrado, em 1987, sobre Nulidades do Processo e da Sentença.[1]

Sempre me surpreendeu o número de doutrinadores que apoia a posição no sentido de que, havendo duas coisas julgadas sobre o mesmo objeto, e já se tendo escoado o prazo para a propositura da ação rescisória, deve prevalecer a segunda coisa julgada.[2,3]

Egas Moniz de Aragão, por exemplo, ensina que:

---

1. Hoje, em sua 10. edição.
2. Ada Pellegrini Grinover em notas de atualização à *Eficácia e autoridade da sentença e outros escritos sobre a coisa julgada*. 3. ed. Trad. Alfredo Buzaid e Benvindo Aires. Rio de Janeiro: Forense, 1984, p. 242; – (Liebman) e Cândido Dinamarco em *Instituições de direito processual civil*. São Paulo: Malheiros, 2001, v. III, p. 328-329.
    Ainda, Humberto Theodoro Júnior, entende que em caso de duplicidade de coisa julgada sobre a mesma lide, a segunda sentença substitui a primeira e é eficaz enquanto não for rescindida, nos termos do art. 485, n. IV, do CPC (LGL\1973\5). (Nulidade, inexistência e rescindibilidade da sentença na *Revista de Processo*, v. 19, p. 33, 1980).
3. Há autores que, de modo original, escapam ao dilema consistente em escolher a primeira ou a segunda coisa julgada, concebendo outras soluções mais criativas. Nieva-Fenoll alistou quatro alternativas diversas para a solução da "contrariedade" entre sentenças transitadas em julgado incompatíveis. A primeira delas, diz respeito à anulação do pronunciamento que seja posterior no tempo. A segunda, à anulação do pronunciamento anterior. Já a terceira, diz respeito à hipótese de anulação do pronunciamento que pareça mais incorreto, admitindo-se a possibilidade de prolação, se for o caso, de uma terceira decisão. Por fim, a quarta e última possibilidade, seria anular ambas as sentenças e reiniciar tudo de novo (NIEVA-FENOLL, Jordi. *Coisa julgada*. Trad. Antonio do Passo Cabral. São Paulo: Ed. RT, 2016, p. 295-305).

"Afigura-se mais acertada a lição dos que sustentam a validade da última sentença, dado que (escreve Luis Eulálio de Bueno Vidigal) "seria perfeitamente aceitável que prevalecesse a segunda decisão com prejuízo da primeira. Não teriam faltado, à parte prejudicada pela segunda decisão, oportunidades para alegar a existência do julgado precedente"[4] (tampouco ao juiz do processo, pode-se acrescentar, ou ao Ministério Público; eventualmente a algum terceiro). Com efeito, se apesar de tudo outra sentença passar em julgado sobre a mesma *res* e não for mais possível rescindi-la por se ter expirado o prazo do art. 495, caso é de prevalecer a última (mesmo que haja várias anteriores). Se devesse prevalecer sempre a primeira, razão não haveria em outorgar ação para rescindi-la (o art. 485, IV, do CPC, seria norma inútil), pois qualquer deles sempre poderia objetar, a todo tempo, que, por ofender a coisa julgada, seria ela inócua – "nenhuma", na linguagem das Ordenações do Reino. Mas como se atribui ao interessado ação para desconstituir sentença passada em julgado, que contraria outra, anterior, também convertida em *res iudicata,* é de concluir-se que se a posterior não for rescindida prevalecerá sobre a anterior visto como não podem coexistir".[5]

A jurisprudência a esse respeito nunca foi uniforme.[6]

O problema se coloca de maneira mais aguda quando se trata de resolver a subsistência de duas coisas julgadas formadas sobre sentenças contraditórias que sejam incompatíveis no plano empírico. Embora, de rigor, existirem duas coisas julgadas, ainda que não se tenham formado sobre duas sentenças contraditórias, seja um problema jurídico, não consiste necessariamente num problema prático.

Recentemente, Marco Gradi publicou um verdadeiro tratado sobre o conflito lógico teórico entre coisas julgadas e concluiu que este conflito, embora tenha sido tradicionalmente tolerado pela doutrina e pelo direito, idealmente não deveria existir. Assim o que ele sustenta é que nem mesmo o conflito puramente teórico está de acordo com harmonia que se pretende exista no direito nos dias que ora correm.[7]

Inadmissível, portanto, óbvia e evidentemente, que haja conflitos práticos. Nesse contexto é que se coloca o problema: havendo duas coisas julgadas, uma que, por

---

4. VIDIGAL, Luís Eulálio de Bueno. *Comentários ao Código de Processo Civil*. São Paulo: Ed. RT, 1974, apud Egas Moniz de Aragão, vide nota 5.
5. ARAGÃO, Egas Moniz de. *Sentença e coisa julgada*: exegese do Código de Processo Civil. Rio de Janeiro: Aide, 1992, p. 285.
6. REsp 400.104/CE, 6ª T., Rel. Min. Paulo Medina, j. em 13.05.2003, DJ 09.06.2003; REsp 604.880/SE, 5ª T., Rel. Min. Arnaldo Esteves Lima, j. em 22.05.2007, DJ 11.06.2007; REsp 598.148/SP, 2ª T., Rel. Min. Herman Benjamin, j. em 25.08.2009, DJ 31.08.2009; AgRg no AREsp 200.454/MG, 2ª T., Rel. Min. Og Fernandes, j. em 17.10.2013, DJ 24.10.2013; REsp 1354225/RS, 3ª T., Rel. Min. Paulo de Tarso Sanseverino, j. em 24.02.2015, DJ 05.03.2015; REsp 1524123/SC, 2ª T., Rel. Min. Herman Benjamin, j. em 26.05.2015, DJ 30.06.2015; AgInt no AREsp 600.811/SP, 3ª T., Rel. Min. Paulo de Tarso Sanseverino, j. em 06.10.2016, DJ 13.10.2016; EDcl no AgRg no AREsp 531.918/DF, 3ª T., Rel. Min. Moura Ribeiro, j. em 1º.12.2016, DJ 12.12.2016; AREsp 42.204/DF, 1ª T., Rel. Min. Napoleão Nunes Maia Filho, j. em 27.11.2018, DJ 11.12.2018.
7. GRADI, Marco. *Il contrasto teorico fra giudicati*. Bari: Editora Cacucci, 2020, passim.

exemplo, condena o réu e a outra que julga a ação improcedente, tendo transcorrido em branco o prazo para que a rescisória fosse manejada, qual das duas deve prevalecer?

Quero abrir um parêntesis a esta altura do meu raciocínio para fazer menção a uma figura que aparece com certa frequência na jurisprudência e talvez até com menos frequência no âmbito da doutrina que é a *actio nullitatis* ou a *querela nullitatis*.

A doutrina costuma afirmar que esta ação está reservada para os vícios ditos transrescisórios, mas o mais interessante é que os poucos autores que tratam do tema se limitam a dar *um* exemplo de caso em que se poderia manejar a *actio nullitatis*: ter havido sentença de mérito julgando a ação procedente em desfavor do réu, que não foi citado, ou que foi citado, de forma nula, porém foi revel.

Esta mesma situação acaba se repetindo substancialmente no caso de haver litisconsórcio necessário e de uma das partes ausentes não ter sido provocada a integrar o processo, seja na condição de réu, seja na condição de autor.

A primeira pergunta que ocorre a quem há muito tempo está acostumado a estudar direito, especificamente processo, é a seguinte: teria algum sentido metodologicamente ter se concebido uma categoria jurídica, se a sua serventia fosse única e exclusivamente a de resolver *uma* situação problemática prática? A resposta é necessariamente negativa.

Foi desta constatação que eu parti para investigar a que *categoria de vícios* pertenceria a *falta de citação* do réu revel, no caso de se ter proferido sentença de mérito contra seus interesses. Foi então que percebi que, na verdade, se trata do avesso de um pressuposto *processual positivo de existência*: a citação.

Com isso quero significar o seguinte: a doutrina tradicional afirma que, para que se possa pensar num processo juridicamente existente, é necessário que haja *pedido, jurisdição e citação*. Portanto, não é difícil se encontrar uma saída sistematicamente adequada, isto é, de acordo com o ordenamento jurídico, no sentido de se entender que a *actio nullitatis*, na verdade, se destina a impugnar sentenças de mérito que tenham sido proferidas sem que estivessem presentes os pressupostos de *existência jurídica* do processo. Assim, o que se tem aqui é que um processo não pode ser instaurado a não ser por meio de um pedido formulado pelo autor, o que se encaixa à perfeição com a ideia do princípio dispositivo e da inercia da jurisdição. Também não haverá processo juridicamente, se o réu não for citado e for revel. A sentença também será juridicamente inexistente se for proferida por um não juiz.

É interessante que se tenha presente aqui a noção de que a *inexistência jurídica* não se confunde com a *inexistência fática*. De rigor, a inexistência jurídica, no fundo, é um vício: mas é um vício tão grave, que compromete de maneira tão funda o ato, que é capaz de lhe *retirar a identidade*.

Isso significa que uma sentença sem relatório é nula. Mas é uma sentença. Entretanto, uma sentença proferida por um não juiz, não chega nem mesmo a ser uma sentença, porque, justamente como eu disse há pouco, o defeito de que padece a impede de chamar-se sentença. É uma não sentença.

Na minha opinião, sustentada desde a primeira edição da minha tese de mestrado, também ausência de condições da ação gera processo inexistente.[8] Isto porque, como é sabido, se diz na doutrina que, quando se move uma ação sem que estejam preenchidas as suas condições, o que se terá exercido, na verdade, terá sido o direito de petição, genericamente considerado, de índole constitucional. Para que se exerça o direito de ação, de natureza processual, é necessário que estejam preenchidas as suas condições. As condições da ação são *constitutivas* com relação à ação. Na sua ausência, diz-se que o autor é *carente* de ação, isto é, que o autor não tem ação. Não havendo ação, não há processo e não há sentença.

Nesse contexto, o que me parece ser possível afirmar é que a segunda coisa julgada de rigor *nem chega a se formar, porque o autor não tem interesse de agir para provocar o Judiciário, no sentido de que ele examine uma questão já antes examinada, a respeito da qual já existe sentença com trânsito em julgado.*

Sempre pensei assim, por exemplo, no que diz respeito à impossibilidade jurídica do pedido, que, como se sabe, à luz do CPC de 2015, não é mais uma condição da ação: como ficaria divorciado alguém, depois de dois anos de proferida a sentença de divórcio, num país em que o divórcio não existisse? O mesmo se pode dizer quanto à ilegitimidade: sentença proferida contra parte ilegítima transita em julgado? O executado que na verdade foi parte ilegítima na ação de conhecimento que antecedeu a execução tem apenas dois anos para entrar com a rescisória e dizer que a execução não deve recair sobre seu patrimônio? Sempre me pareceu que não: ou seja, que este prazo, para estes casos, não existe. Nem há necessidade de ação desconstitutiva: basta a *actio nullitatis*, que é declaratória.

Reconheço que se trata de uma construção dogmática ousada, mas acredito que seja harmônica com o sistema. Ademais, o mais importante, e que é capaz de fornecer uma solução razoável para o problema de que agora estamos tratando, prestigiando o instituto da coisa julgada, bem como valores constitucionais.

Mas, eu nem precisaria entrar nessa teoria para sustentar tese oposta, à que prevaleceu no STJ, em decisão relativamente recente.

Decidiu-se, no STJ, na Corte Especial, no julgamento do Recurso de Embargos de Divergência interpostos no AREsp 600.811/SP (2014/0261478-2), de relatoria do Min. OG Fernandes, julgado em 04.12.2019, que deve prevalecer a segunda coisa julgada.

---

8. José Miguel Garcia Medina, ao tratar das condições da ação (*Novo Código de Processo Civil comentado*: com remissões e notas comparativas ao CPC/1973. 5. ed. São Paulo: Ed. RT, 2017, p. 772), esclarece que certos requisitos devem estar presentes para que *exista* processo, enquanto outros, para que o processo *já existente* se desenvolva validamente.

Deve-se reconhecer que há muitos argumentos sustentando ambas as posições. É sedutor, por exemplo, o argumento de que o único sentido do prazo de dois anos para que a segunda coisa julgada seja rescindida é se considerar que, ultrapassado esse prazo sem que a rescisória seja utilizada, passa a valer a segunda decisão. As lições de Flávio Yarshell caminham nesse sentido:

"Em outras passagens deste estudo já se acenou para a adoção do entendimento segundo o qual, havendo sentença transitada em julgado que ofenda autoridade de outra precedente, se não for tempestivamente aforada a ação rescisória, há que prevalecer a segunda das decisões".[9]

Esse argumento cai, no entanto, quando se pensa na possibilidade de se alegar, por exemplo, a ausência de citação no processo de conhecimento, nos embargos ou na impugnação à execução. Isto porque se trata de um meio adequado para que esta alegação seja feita, *mas com certeza não é o único!* Pode-se alegar este vício, mesmo depois de escoado o prazo para a rescisória e, de rigor, até mesmo em petição simples, no curso da própria execução.

Muitas matérias elencadas pelo legislador como alegáveis em preliminar de contestação, como se sabe, podem ser alegadas depois.

Argumento de autoridade a que sempre fazia menção o professor José Carlos Barbosa Moreira é o de que as sentenças transitadas em julgado, na verdade, não são nulas, mas são *rescindíveis*. Corajosamente discordo do mestre de todos nós, para dizer que a nulidade é um *estado defeituoso* em que se encontra um ato, enquanto que a rescindibilidade indica, apenas, o caminho que deve ser trilhado para que este ato seja impugnado. Portanto, uma coisa não se transforma na outra. Eu devo classificar o defeito de que padece a decisão para, depois, indicar qual a via adequada para que a decisão que padece desse defeito seja impugnada.

Eduardo Talamini, em trabalho recentemente publicado[10], sustenta que a racionalidade da conclusão no sentido de que deve prevalecer a segunda coisa julgada, está no direito público. Neste ambiente, diz o autor, o ato posterior revoga o anterior. No entanto, o que me parece é que o ato defeituoso, neste caso, padece de um vício que não pode ser tido como irrelevante, apenas porque um prazo se teria escoado.

Por outro lado, me parece também inadequado fazer-se alusão à "lógica do direito público". O legislador, quando edita uma norma, não abre mão do seu direito de editar outra que lhe seja contrária. Diferentemente ocorre com o juiz, quando julga um caso concreto, proferindo decisão que chega a transitar em julgado. Esta circunstância, na verdade, inibe-o de proferir outra decisão, julgando novamente o mesmo caso. Isto porque, como todos nós sabemos, a coisa julgada, além de ter

---

9. YARSHELL, Flávio Luiz. *Ação rescisória*: juízos rescindente e rescisório. São Paulo: Malheiros, 2005. p. 317.
10. TALAMINI, Eduardo. Conflito entre coisas julgadas: prevalência da segunda, quando não rescindida. In: FREIRE, Alexandre; OLIVEIRA, Pedro Miranda de; KUKINA, Sérgio Luiz; ARRUDA ALVIM, Teresa (Coord.). *O CPC de 2015 visto pelo STJ*. São Paulo: Thomson Reuters, 2021.

seus efeitos positivos, que significa *grosso modo* projetar os efeitos da sentença para o futuro, também tem os seus efeitos negativos, um deles, justamente o de *inibir* as partes de moverem ação para discutirem o mesmo tema, sobre o qual já há autoridade de coisa julgada, e outro o de *obstarem* o próprio judiciário a reexaminar o que foi antes examinado. As razões são evidentes: economia processual e perigo de decisões contraditórias.

Outro argumento de peso consiste no fato de que a Constituição Federal protege a coisa julgada, mas a lei ordinária disciplina o instituto, e nessa disciplina se completa o desenho do instituto. Tanto é que o Código de Processo Civil prevê a ação rescisória, principal meio para se impugnar uma decisão judicial transitada em julgado. Se é verdade que a lei ordinária pode, efetivamente, desenhar de forma mais precisa um instituto que protege um valor constitucional, também é verdade que a lei ordinária não pode *esvaziá-lo!* Ou seja, tudo o que a lei ordinária vier a fazer a respeito de uma figura criada e protegida pela Constituição Federal não pode vir a inutilizar o que tenha feito a Constituição.

Sérgio Rizzi sustenta que o ânimo constitucional inerente à coisa julgada não permite que a segunda sentença prevaleça em relação a primeira.[11]

Dizer que a Constituição Federal protege a coisa julgada significa, óbvia e evidentemente, a nosso ver, que a Constituição Federal protege a primeira coisa julgada e, não, todas. Esse é o principal argumento usado pelo professor Arruda Alvim, em artigo recentemente publicado:[12] porque se considera que a segunda coisa julgada deve ser protegida em detrimento da primeira, e que a terceira deve ser protegida em detrimento da segunda e assim por diante, na verdade não se está protegendo a coisa julgada. Isto, no fundo, equivale a alguém dizer que valoriza o casamento porque se casou cinco vezes!

Deve-se ter presente que o fundamento constitucional que leva à conclusão no sentido de que deve prevalecer a primeira coisa julgada extrapola, razoavelmente, a literalidade do art. 5º, inc. XXXVI. Deve-se levar em conta que a *finalidade do instituto* é quase que inteiramente a de gerar *segurança jurídica*. A imutabilidade das decisões judiciais é um pressuposto mínimo de sua credibilidade e da credibilidade do próprio Poder Judiciário. Não se pode cogitar de o Estado, na forma de juiz, poder rever as suas decisões, depois de findo o processo. Onde estaria a sua submissão à lei e ao direito, que ele mesmo definiu, na condição de juiz?

Pode-se imaginar, por exemplo, que decisões judiciais que assegurem direitos fundamentais seriam temporárias? Por quê poderia haver decisões posteriores, dispondo de forma diferente, e essas, se não fossem rescindidas, passariam a valer?

---

11. RIZZI, Sérgio. *Ação rescisória*. São Paulo: Ed. RT, 1979. p. 133-139.
12. ARRUDA ALVIM NETTO, José Manoel de. Duas coisas julgadas. In: FREIRE, Alexandre; OLIVEIRA, Pedro Miranda de; KUKINA, Sérgio Luiz; ARRUDA ALVIM, Teresa (Coord.). *O CPC de 2015 visto pelo STJ*. São Paulo: Thomson Reuters, 2021.

De fato, o *prestígio à confiança* tem se revelado cada vez mais importante no direito contemporâneo. No próprio processo, é oportuno que se lembre do princípio da cooperação, da relevância da boa-fé objetiva e de tantos outros institutos ou construções jurídicas que prestigiam a confiança das pessoas. A estabilidade também é um valor bastante significativo no direito contemporâneo. Basta termos presente a diminuição dos prazos previstos no Código Civil. Enfim, a meu ver, considerar-se que vale a segunda coisa julgada, depois de escoado o prazo para ação rescisória, é fruto de uma visão geral do direito, que não se coaduna com a tônica das tendências contemporâneas.

Essa é mais uma das razões que me parecem ser extremamente relevantes e que levam à conclusão no sentido de que deve prevalecer a primeira coisa julgada, *porque esta primeira coisa julgada é a que terá gerado confiança no jurisdicionado no sentido de que a sua situação estava definitivamente resolvida.*

Afinal de contas, a segunda ação não deveria ter nem mesmo sido ajuizada. Nasceu viciada. É claro que se pode dizer ter havido omissão, por parte daquele a quem interessava a alegação de haver outra coisa julgada anterior, bem como omissão do próprio juízo, que poderia e deveria ter conhecido da questão ou do ponto, de ofício. Mas se esta conduta omissiva pode ser levada em conta para que se diga dever valer a segunda coisa julgada e não a primeira, não se pode esquecer de considerar eventual má-fé daquele que intentou a segunda ação, para provocar o Poder Judiciário a apreciar novamente questão sobre a qual já havia decisão transitada em julgado.

Barioni esclarece que é tecnicamente inadequado atribuir à segunda das decisões eficácia rescindente em relação à primeira, sem que haja previsão legal autorizadora. Isto porque, a interpretação sistemática do ordenamento constitucional e infraconstitucional revela que a única decisão que recebe amparo é a primeira, jamais a segunda. O transcurso do biênio rescisório não altera esta orientação.[13]

Em decisões recentes do STJ, acabou prevalecendo o entendimento de que se deve proteger a coisa julgada que por último se formou. Então, na conformidade do que eu já disse, poderia valer, depois de escoado o prazo para ação rescisória, uma quinta ou mesmo uma sexta coisa julgada a respeito do mesmo tema.

Entender-se que a última coisa julgada seria a protegida pelo sistema claramente ofende o princípio da proteção à segurança jurídica. Quando se diz que o instituto da coisa julgada deve ser protegido, *deve-se ter em mente que não é o instituto em tese, mas a situação concreta em que o instituto se concretizou, aconteceu no mundo empírico, que deve ser protegida.*

---

13. BARIONI, Rodrigo. *Ação rescisória e recursos para os tribunais superiores.* São Paulo: Ed. RT, 2010. p. 100-101.

Ao julgar os embargos de divergência interpostos no AREsp 600.811,[14] a Corte Especial do STJ, com relatoria do Min. Og Fernandes, decidiu que deveria valer a segunda coisa julgada – ou melhor – aquela que por último se formou.

É relevantíssimo que se diga aqui que a votação foi de 8 a 7, ou seja, houve apenas um voto de diferença. E os argumentos foram dos mais variados.[15]

Aqueles que votaram a favor da prevalência da primeira coisa julgada, levaram em conta a situação do direito adquirido como sendo, por assim dizer, equivalente à da coisa julgada.

No voto do Min. Noronha, ficou estabelecido que o direito declarado por sentença transitada em julgado se incorpora ao patrimônio do seu titular. Paulo de Tarso Sanseverino, a seu turno, na linha do que acabamos de dizer, diz que acontece, no caso uma espécie de má-fé presumida, o que, segundo a Min. Nancy, seria efetivamente muito mais grave do que a omissão quanto à alegação do vício no segundo processo ou quanto ao manejo da ação rescisória.

Diante da intensidade da divergência doutrinária e jurisprudencial, Fabiano Carvalho concebeu uma proposta pragmática e, segundo ele, alinhada às normas processuais civis – com amparo constitucional – para se decidir pela prevalência de coisas julgadas conflitantes. Haverá de se ponderar: a profundidade do contraditório e da fundamentação; a proximidade com a legalidade e constitucionalidade; a natureza hierárquica dos órgãos julgadores que proferiram as decisões conflitantes; a boa-fé processual; a conformidade com os precedentes e o respeito aos direitos fundamentais.[16]

Enfim, o que me parece é que fazer prevalecer a segunda coisa julgada ou, o que é ainda pior, a *última* que haja a respeito do mesmo tema, *faz com que a garantia fique inteiramente esvaziada*, sendo integralmente desconsiderados os seus fundamentos.

Ademais, para concluir, eu ousaria até dizer que esse tipo de decisão favorece a chicana, ou seja, faz com que as partes mal-intencionadas arrisquem-se e acabem ajuizando uma segunda, uma terceira ação, na esperança de que, no caso de haver omissão da outra parte, uma segunda ou uma terceira decisão, que lhe seja eventualmente favorável, passe a prevalecer.[17] Às vezes, a gente pensa que estas situações nunca aconteceriam no mundo real. Porém, como dizem aqueles que além de estudar, já viveram um pouco, a realidade é muito mais rica e surpreendente do que a imaginação do legislador e da doutrina possa supor.

---

14. STJ, EAREsp 600.811/SP (2014/0261478-0), Corte Especial, Rel. Min. OG Fernandes, j. em 04.12.2019, DJ 07.02.2020.
15. Vê-se, portanto, que diante do apertado placar, a divergência ainda se revela dentro da própria Corte Especial.
16. CARVALHO, Fabiano. Ação rescisória fundada em ofensa à coisa julgada e o início de uma nova proposta para solucionar o problema das decisões transitadas em julgado conflitantes. In: YARSHELL, Flávio Luiz. (Coord.). *Estudos de Direito Processual Civil em homenagem ao Professor José Rogério Cruz e Tucci*. Salvador: JusPodivm, 2018. p. 231.
17. Nesse sentido: SOARES, Leonardo Augusto de Morais. Conflito de coisas julgadas: qual sentença deve prevalecer quando há duas manifestações de mérito sobre um mesmo objeto? *Jus Navigandi*. Disponível em: https://jus.com.br/artigos/86566/conflito-de-coisas-julgadas-qual-sentenca-deve-prevalecer-quando-ha-duas-manifestacoes-de-merito-sobre-um-mesmo-objeto/3. Acesso em: 17 jul. 2021.

REFERÊNCIAS BIBLIOGRÁFICAS

ARAGÃO, Egas Moniz de. *Sentença e coisa julgada*: exegese do Código de Processo Civil. Rio de Janeiro: Aide, 1992.

ARRUDA ALVIM NETTO, José Manoel de. Duas coisas julgadas. In: FREIRE, Alexandre; OLIVEIRA, Pedro Miranda de; KUKINA, Sérgio Luiz; ARRUDA ALVIM, Teresa. (Coord.). *O CPC de 2015 visto pelo STJ*. São Paulo: Thomson Reuters Brasil, 2021.

BARIONI, Rodrigo. *Ação rescisória e recursos para os tribunais superiores*. São Paulo: Ed. RT, 2010.

CARVALHO, Fabiano. Ação rescisória fundada em ofensa à coisa julgada e o início de uma nova proposta para solucionar o problema das decisões transitadas em julgado conflitantes. In: YARSHELL, Flávio Luiz. (Coord.). *Estudos de Direito Processual Civil em homenagem ao Professor José Rogério Cruz e Tucci*. Salvador: JusPodivm, 2018.

DINAMARCO, Cândido Rangel. *Instituições de direito processual civil*. São Paulo: Malheiros, 2001. v. III.

GRADI, Marco. *Il contrasto teorico fra giudicati*. Bari: Editora Cacucci, 2020.

GRINOVER, Ada Pellegrini. *Eficácia e autoridade da sentença e outros escritos sobre a coisa julgada*. 3. ed. Rio de Janeiro: Forense, 1984. Trad. Alfredo Buzaid e Benvindo Aires

MEDINA, José Miguel Garcia. *Novo Código de Processo Civil comentado*: com remissões e notas comparativas ao CPC/1973. 5. ed. São Paulo: Ed. RT, 2017.

NIEVA-FENOLL, Jordi. *Coisa julgada*. Trad. Antonio do Passo Cabral São Paulo: Ed. RT, 2016.

RIZZI, Sérgio. *Ação rescisória*. São Paulo: Ed. RT, 1979.

SOARES, Leonardo Augusto de Morais. Conflito de coisas julgadas: qual sentença deve prevalecer quando há duas manifestações de mérito sobre um mesmo objeto? *Jus Navigandi*. Disponível em: https://jus.com.br/artigos/86566/conflito-de-coisas-julgadas-qual-sentenca-deve-prevalecer-quando-ha-duas-manifestacoes-de-merito-sobre-um-mesmo-objeto/3. Acesso em: 17 jul. 2021.

TALAMINI, Eduardo. Conflito entre coisas julgadas: prevalência da segunda, quando não rescindida. In: FREIRE, Alexandre; OLIVEIRA, Pedro Miranda de; KUKINA, Sérgio Luiz; ARRUDA ALVIM, Teresa. (Coord.). *O CPC de 2015 visto pelo STJ*. São Paulo: Thomson Reuters Brasil, 2021.

THEODORO JÚNIOR, Humberto. Nulidade, inexistência e rescindibilidade da sentença. *Revista de Processo*, v. 19, São Paulo, 1980.

YARSHELL, Flávio Luiz. *Ação rescisória*: juízos rescindente e rescisório. São Paulo: Malheiros, 2005.

4
BREVI OSSERVAZIONI CONCLUSIVE SUL CONTRASTO TRA GIUDICATI

Martino Zulberti

Ricercatore nell'Università degli Studi di Milano.

Il contrasto di giudicati pone l'interrogativo di quale fra essi debba prevalere, tenuto conto che manca, nell'ordinamento italiano, un rimedio per impugnare la sentenza passata in giudicato per seconda e in contrasto con una precedente non più impugnabile. Il problema, comunque, non sarebbe necessariamente da escludere quand'anche un rimedio per risolvere *a posteriori* il contrasto di giudicati fosse previsto.

Si pensi, ad esempio, all'ordinamento tedesco, ove la § 580 ZPO regola la c.d. azione di restituzione (*Restitutionklage*),[1] consentendo la riapertura del processo (*Wiederaufnahme des Verfahrens*) qualora non sia stato possibile fare valere il primo giudicato nel giudizio deciso con il provvedimento divenuto definitivo per secondo. Il rimedio è utilizzabile quando il documento relativo alla pronuncia sia stato trovato successivamente al passaggio in giudicato o quando la parte non lo abbia potuto utilizzare tempestivamente senza sua colpa. L'azione non è esperibile né se il giudicato avrebbe potuto essere dedotto attraverso le impugnazioni,[2] né a seguito del decorso dei termini di un mese dalla scoperta del giudicato anteriore e di cinque anni dal passaggio in giudicato.[3] Nell'impossibilità di proporre l'azione di restituzione, in assenza dei presupposti o per decorso dei termini, anche in quel sistema, dunque, si è venuto a porre il problema di quale giudicato debba prevalere.

Le soluzioni astrattamente prospettabili sono varie, spaziando dalla prevalenza del precedente giudicato alla prevalenza di quello successivo. Altre, però, sono ipotizzabili: si potrebbe pensare, ad esempio, anche che i due accertamenti si

---

1. § 580 "Die Restitutionsklage findet statt: (…) 7. wenn die Partei a) ein in derselben Sache erlassenes, früher rechtskräftig gewordenes Urteil oder."
2. § 582 "Die Restitutionsklage ist nur zulässig, wenn die Partei ohne ihr Verschulden außerstande war, den Restitutionsgrund in dem früheren Verfahren, insbesondere durch Einspruch oder Berufung oder mittels Anschließung an eine Berufung, geltend zu machen".
3. § 586 "Die Klagen sind vor Ablauf der Notfrist eines Monats zu erheben.
(2) Die Frist beginnt mit dem Tag, an dem die Partei von dem Anfechtungsgrund Kenntnis erhalten hat, jedoch nicht vor eingetretener Rechtskraft des Urteils. Nach Ablauf von fünf Jahren, von dem Tag der Rechtskraft des Urteils an gerechnet, sind die Klagen unstatthaft (…)".

"paralizzino" reciprocamente oppure che spetti a un giudice successivamente adito stabilire quale fra i due giudicati prevalga, attraverso una valutazione comparata della giustizia delle decisioni.

É questa l'impostazione offerta dall'ordinamento francese, ove è possibile ottenere l'annullamento di una o di entrambe le decisioni in contrasto; annullamento che avviene non in via automatica, ma a seguito di una pronuncia giudiziale. Mi riferisco al ricorso in Cassazione previsto dall'art. 618 c.p.c. francese,[4] che può essere proposto, al di fuori di limiti temporali per l'impugnazione ordinaria, al fine di far valere la contrarietà di due giudicati, attribuendo alla Corte di cassazione il potere o di annullarne uno, facendo prevalere l'altro, ovvero di annullarli entrambi.

Ci si potrebbe chiedere se simili soluzioni possano trovare cittadinanza nell'ordinamento italiano. La risposta è senz'altro negativa, in assenza di una specifica previsione che attribuisca ad un terzo giudice il potere di annullare o stabilire quale sia il giudicato, fra i due incompatibili, che, sulla base di valutazioni discrezionali, debba prevalere. Del resto poi non sarebbe neppure una soluzione auspicabile, finendo per esporsi al rischio di scelte arbitrarie e imprevedibili.

La soluzione maggioritaria in Italia – tanto in dottrina (Consolo, Menchini, Proto Pisani, Pugliese, Gradi), quanto in giurisprudenza (fra le molte, Cass. 31 maggio 2018, n. 13804) – predica la prevalenza del secondo giudicato. Vari sono gli argomenti spesi a sostegno di questa impostazione: senza pretesa di completezza, si è detto che il secondo giudicato fa stato ad ogni effetto ai sensi dell'art. 2909 c.c.; che la prevalenza del primo giudicato non troverebbe fondamento in alcuna disposizione di legge; che sarebbe invocabile il principio per il quale la legge posteriore in ordine di tempo deroga quella anteriore; che dal punto di vista dei principi generali, non si potrebbe discorrere di inefficacia o inesistenza della sentenza passata per seconda in giudicato. Decisivo sarebbe poi il rilievo per il quale il mancato esperimento dei mezzi di impugnazione, attraverso cui il contrasto di giudicati potrebbe essere impedito, costituirebbe una forma di rinuncia tacita al primo giudicato, ravvisandosi in ciò una "condotta omissiva di non volersi più avvalere della prima decisione" (Gradi).

Non è però mancato un indirizzo minoritario che ha sostenuto la prevalenza del primo giudicato (Attardi, Chizzini, De Stefano, Lorenzetto Peserico). Si osservato, ad esempio, che sarebbe il primo giudicato a far stato ad ogni effetto, resistendo al sopravvenire di un accertamento con esso contrastante, né sarebbe dato comprendere come il giudicato – che sopravvive allo *ius superveniens* e non viene intaccato se interviene una pronuncia della Corte costituzionale che dichiara l'illegittimità della

---

4. "La contrariété de jugements peut aussi, par dérogation aux dispositions de l'article 605, être invoquée lorsque deux décisions, même non rendues en dernier ressort, sont inconciliables et qu'aucune d'elles n'est susceptible d'un recours ordinaire; le pourvoi en cassation est alors recevable, même si l'une des décisions avait déjà été frappée d'un pourvoi en cassation et que celui-ci avait été rejeté.

En ce cas, le pourvoi peut être formé même après l'expiration du délai prévu à l'article 612. Il doit être dirigé contre les deux décisions; lorsque la contrariété est constatée, la Cour de cassation annule l'une des décisions ou, s'il y a lieu, les deux".

legge applicata dal giudice nel caso concreto – debba cedere il passo a un successivo giudicato con esso confliggente (Attardi). E, in questa prospettiva, v'è chi ha sostenuto che "la prevalenza del primo giudicato non incide sulla validità formale del provvedimento successivo che rimarrà semplicemente inefficace; questo a prescindere dalla possibilità di esperire una specifica *actio nullitatis* con la quale accertare la prevalenza del primo giudicato e la giuridica inefficacia del secondo. Comunque sicura è la possibilità di ottenere di questo la disapplicazione" (Chizzini).

È stato peraltro recentemente osservato che i rimedi impugnatori preventivi, volti ad impedire il verificarsi del contrasto di giudicati, non sono sempre esperibili: sarebbe il caso dei provvedimenti sul merito resi dalla Corte di cassazione; dei provvedimenti pronunciati, in sede di reclamo, nell'ambito giudizi soggetti al procedimento in camera di consiglio; delle decisioni rese in sede di revocazione, avverso le quali non è ulteriormente spendibile il rimedio della revocazione. In queste pur circoscritte ipotesi è stata dunque prospettata l'opportunità di ripensare il principio dai più sostenuto che vuole sempre e comunque prevalente il primo giudicato (Gradi).

BIBLIOGRAFIA ESSENZIALE

ATTARDI, Aldo. *Diritto processuale civile*, I. 3. ed. Padova: Cedam, 1999; CHIZZINI, Augusto. *La revoca dei provvedimenti di volontaria giurisdizione*. Padova: Cedam, 1994; CONSOLO, Claudio. *Spiegazioni di diritto processuale civile. II. Il processo di primo grado e le impugnazioni delle sentenze* – 12. ed. Torino: Giappichelli, 2019; DE STEFANO, Giuseppe. *La revocazione*. Milano: Giuffrè, 1957; GRADI, Marco. *Il contrasto teorico di giudicati*. Napoli: Jovene, 2020; LORENZETTO PESERICO, Annalisa. *La continenza di cause*. Padova, 1992; MENCHINI, Sergio. *Il giudicato civile*. Milano, 1988; PICCININNI, Leo. *L'eccezione di giudicato nel processo civile*. Napoli: Jovene, 2016; PUGLIESE, Giovanni. *Giudicato civile* (dir. vig.). In: *Enc. dir.*, XVIII, Milano: Giuffrè, 1969; PROTO PISANI, Andrea. Appunti sul giudicato civile e sui suoi limiti oggettivi. *Rivista di diritto processuale*, 1990, 386 ss.

5
BREVES OBSERVAÇÕES CONCLUSIVAS SOBRE O CONTRASTE ENTRE COISAS JULGADAS[1]

Martino Zulberti

Professor pesquisador na *Università degli Studi di Milano*.

Arquivo *on-line*

---

1. Texto traduzido por Érico Andrade, Professor de Direito Processual Civil da UFMG.